La imagen del poder nobiliario
en la Edad Moderna y Contemporánea
Análisis de la película *Orgullo y Prejuicio*

Joaquín José Santos López

Bachelor's Thesis

[May 2019]

UNED

Supervisor: José Antonio Vigara Zafra

Faber & Sapiens

La imagen del poder nobiliario
en la Edad Moderna y Contemporánea
Análisis de la película *Orgullo y Prejuicio*

JOAQUÍN JOSÉ SANTOS LÓPEZ

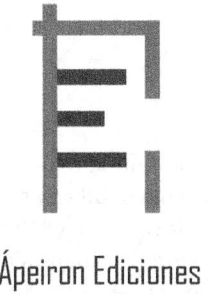

Ápeiron Ediciones

First Edition by Faber & Sapiens,
an imprint of Ápeiron Ediciones,
in 2025

© Faber & Sapiens
© Ápeiron Ediciones
C/ Príncipe de Vergara, n.º 132, planta 9
28002 Madrid
Tfno. (+34) 611 00 28 41
E-mail: info@faberandsapiens.com
http: www.faberandsapiens.com

Design and layout: Ápeiron Ediciones

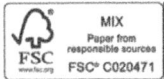

ISBN: 979-13-990052-1-9
DL: M-6906-2025

Quiero agradecer a mi esposa su colaboración y entusiasmo en la preparación de mi Trabajo Fin de Grado basado en su película favorita. Ambos disfrutamos por igual con la redacción y posterior Matrícula de Honor. No soy de películas románticas, pero tras visionar ésta decenas de veces, reconozco que me atrapó, gracias, Loli.

Contents

Introducción

"Orgullo y prejuicio" es una película británica del año 2005 basada en la novela de Jane Austen publicada en 1813. Dirigida por Joe Wright, el filme presenta, en la Inglaterra de finales del siglo XVIII, el devenir de dos familias pertenecientes a la alta y baja nobleza del país, y cuyas vidas se verán entrecruzadas en una línea argumental imbuida del romanticismo propio del momento histórico en que fue escrita la novela que le sustenta.

Jane Austen (1775-1817), fue una escritora inglesa. Vivió en el periodo de la regencia, que coincide con el gobierno de Jorge IV como Príncipe de Gales durante la enfermedad de su padre Jorge III. A veces también es incluido el reinado de Guillermo IV (entre 1830 y 1837) como parte de este periodo. Aunque la obra de Jane Austen describe con precisión la sociedad rural de la época, no esbozó igualmente los cambios que ésta estaba sufriendo con la llegada de la modernidad y sus importantes repercusiones. Me refiero por un lado a la revolución agraria que constituyó a su vez el comienzo de la revolución industrial, y por otro lado al colonialismo, guerras napoleónicas y la extensión del imperio británico. Sobre estos últimos acontecimientos si encontramos en la película, a través de la ornamentación de las residencias de los nobles, las pinturas o ciertas actividades de ocio desarrolladas por los mismos, claras señales que desarrollaremos posteriormente y que constituyen una muestra fehaciente del poder nobiliario.

El orden jerárquico existente hasta entonces donde la nobleza ocupaba su lugar en la cima del mismo, comenzaba a cambiar con el advenimiento de la industrialización. Frente a los bienes heredados de esta privilegiada clase social aparece una nueva forma de adquirir riqueza. La revolución agraria, que había facilitado un incremento de la población inglesa, impulsó a su vez la economía a través del aumento de la demanda. Una nueva clase social resurge con fuerza: la alta burguesía agraria. A su vez el éxodo del campo a la ciudad, propiciado por la industrialización incipiente y la generación de empleo, supuso la necesidad de la creación de un nuevo conjunto de valores pues ya la vieja tradición, la antigua jerarquía y todo lo que ella representaba, se mostraba insuficiente y obsoleta. En el film que analizo, poseer lujosas residencias tanto en la ciudad con en la zona rural son una clara muestra de poder y de separación de clases, fundamentalmente entre la alta nobleza y el resto de clases pudientes que ya emergían en las ciudades.

El movimiento cultural y artístico del Romanticismo surge en los últimos años del siglo XVIII. Se caracteriza por expresar estados de ánimo y sentimientos. La idea era romper con todos los cánones establecidos en busca de una libertad en la creación. El romanticismo inglés asumió con fuerza una rebeldía hacia esa nueva sociedad industrial y burguesa, y buscó la evasión a través del paisaje rural, el pasado histórico y de los destinos exóticos. Hizo suyo un lenguaje literario que puso sus bases en el sentimiento, en lo subjetivo, en lo irracional y en la más absoluta libertad del artista a la hora de crear. Uno de los géneros más influenciados el romanticismo fue la poesía, donde se expresaba el rechazo tanto a la sociedad burguesa como industrializada. Willian Wordsworth y Samuel Coleridge son considerados poetas fundacionales del movimiento romántico inglés. El prólogo de la obra compuesta por ambos autores, "Baladas Liricas", se convierte en un manifiesto romántico para la generación que estaba por venir. A ella pertenecieron Lord Byron, Parcy Bryse Shelley y John Keats, que además de poetas románticos encarnaron en sus propias vidas los ideales del romanticismo hasta sus últimas consecuencias, muriendo jóvenes, llevando vidas errantes y atormentadas. Otro gran descubrimiento del Romanticismo inglés fue tomar conciencia de la importancia del contacto directo con la naturaleza, porque hasta entonces los paisajes eran reconstruidos en los talleres de los artistas. Los verdaderos renovadores del paisajismo fueron Turner y Constable. La temática exótica dramática y melancólica junto con el paisajismo pasaron a ser los temas predilectos de los pintores románticos. El retrato a su vez se convirtió en el mejor género para representar el espíritu romántico y existe clara evidencia de ello en la película de la que hablamos.

El Romanticismo marca la obra literaria de Jane Austen. La reacción contra el racionalismo de la ilustración, los sentimientos de libertad propios de esta corriente son reflejados en la obra a través de la capacidad que en ella tienen las emociones para romper barreras sociales, así como por el innato deseo de algunos de sus protagonistas para elegir y vivir su vida como deseen. Elizabeth Bennet, por ejemplo, la protagonista femenina de la película no es una joven al uso, sino una mujer con sus propias opiniones y reflexiones incluso más allá de las cavilaciones que interesaban a sus contemporáneos: «Cuánto más veo cómo es el mundo, más me desagrada; y todos los días confirmo mi creencia en la incoherencia de los seres humanos, y en la poca confianza que se puede depositar en las apariencias del mérito o de la inteligencia». Puede ser considerada otra heroína romántica tan decidida a casarse por amor que asume con valentía los peligros de la soltería. "Orgullo y Prejuicio" además de ser una de las obras más conocidas de la literatura inglesa y la más famosa de las novelas de Jane Austen, es todo un alegato contra las convenciones sociales y el abismo entre clases. Describe de una manera inteligente la vida de las jóvenes y de la sociedad inglesa de la campiña del siglo XVIII a través de la caracterización minuciosa de sus personajes.

Como en otras novelas de la autora la historia gira en torno a las relaciones amorosas, siendo el dinero una constante preocupación que todo lo impregna. Precisamente cuando Austen comenzaba a redactar esta novela (1796) se vio obligada a suspender sus planes de boda con un muchacho cuya posición económica no le permitía pensar en el matrimonio, lo que puedo también propiciar sus continuas reflexiones sobre la infelicidad generada por un problema de rentas. A finales del siglo

XVIII el matrimonio no era una opción sino una solución a una vida de privaciones. El mayorazgo por vía masculina provocaba que las propiedades paternas fuesen heredadas por cualquier pariente, aunque fuera lejano, en el caso de no tener hijos varones, haciendo más acuciante la presión para encontrar un esposo entre las hijas, que serán despojadas de todo ante la muerte de su padre. La aportación de una valiosa dote se consideraba además requisito indispensable por parte de una familia noble, que con ella no sólo ostentaba su poder, sino que también aseguraba la formalización de un casamiento provechoso. Esta manifestación de poder en las clases altas será detallada a lo largo de este trabajo.

Jane Austen aboga en sus diferentes novelas por una educación liberal en la mujer, que no se limitaba al acopio de talentos que se suponía debía tener una mujer de posición social reconocida: música, pintura, danza... A estos talentos se hace referencia en el *film* posicionándolos como virtudes imprescindibles para considerarse una dama de la alta sociedad. Y sin duda a una clase privilegiada tenías que pertenecer si querías recibir esos "talentos", que desplegados ante los demás conformaban otra muestra de tu estatus social y por ende de tu poder. A finales del siglo XVIII existían escuelas dominicales para los niños. Las familias nobles contaban con institutrices o tutores exclusivos para sus hijos. La influencia de la ilustración hace que se comience a crear un sistema educativo basado en la razón. Sin embargo, muchos pensadores de esta época, como Rousseau, opinan que la mujer quedaba excluida de esta necesidad educativa. Los conocimientos estimados como necesarios para las mismas se limitan a los dirigidos a cumplir sus obligaciones como esposas y madres y a obedecer a sus maridos. Las doctrinas morales, aspectos domésticos, la religión y ciertos talentos formaban el compendio de materias de los tratados de conducta para mujeres jóvenes que se popularizaron en el siglo XVIII. Sin embargo, casi todas las protagonistas de las obras de Jane Austen se muestran alejadas de estas normas aun a riesgo de sufrir el aislamiento social o el distanciamiento de un futuro marido. El propio padre de Jane Austen era un tutor que recibía en su casa a los hijos de los nobles, no es de extrañar que la autora fuera una mujer muy instruida para su tiempo y por tanto con diferentes ideales.

La familia Austen pertenecía al privilegiado mundo de la baja aristocracia (*gentry*), una especie de clase media alta de la campiña inglesa. El padre de Jane provenía de una familia de gentilhombres por largo tiempo asentada en Kent, mientras que los antepasados de su esposa si tenían un origen más aristocrático dado su parentesco con algunos miembros de la nobleza inglesa. Pero ser descendiente de línea secundaria y en un mundo donde además el derecho de primogenitura prevalecía, no te aseguraba una vida de grandes lujos, aunque si gozaban de ciertos privilegios. Estas diferencias entre las distintas clases de nobleza son claramente descritas en la película que comentamos. Los hijos de la familia sabían que tendrían que ganarse la vida entre las limitadas opciones de las que disponían en aquel momento los hombres de su posición: clero, ejército, armada y abogacía. Profesiones que finalmente desarrollarían y que Jane supo describir en su obra y mostrarlas como otro elemento de separación de clases y poder. Las hijas de la familia por supuesto se encontraban en una situación más dependiente aún, su único recurso era casarse y no tenían la ventaja siquiera de contar con una buena dote para ser más deseables.

La enseñanza se convirtió pues en un recurso al que recurrió el Sr. Austen como medio para sostener a su familia. Su rectoría de Steventon se convirtió en una especie de pequeño internado para varones donde se recibía instrucción y se preparaba para acceder a la universidad. Aunque sus hijas asistieron a dos internados para continuar con su educación, la imposibilidad de hacer frente al coste de la misma en un momento determinado no significó que su formación fuera abandonada. Probablemente el Sr. Austen les permitió asistir a las clases que daba a sus pupilos o les dedicó también un poco de tiempo a ellas. Quizás es así como descubrió la gran inteligencia de su hija menor y por ello le dio libre acceso a su biblioteca personal. Su educación sería en gran parte autodidacta y *sui generis*.

La película

El análisis de los personajes que componen las distintas familias, su ocupación, las características de sus moradas, sus atuendos, su capital, su nivel cultural e incluso sus protocolizadas vidas, sometidas en todo momento a un rígido código de costumbres, serán el eje vertebrador sobre el que desarrolle el tema a abordar en mi TFG: La imagen del poder nobiliario en la Edad Moderna y Contemporánea. La descripción de los protagonistas por parte de la autora conforma en si un retrato perfecto y sutil de la época.

Dos son las familias protagonistas en esta película. Perteneciente a la baja nobleza inglesa se presenta la familia Bennet, compuesta por un matrimonio y sus cinco hijas. El argumento de la película gira fundamentalmente en torno a la necesidad del casamiento de las mismas, ya que por su condición de féminas no tienen derecho a heredar las propiedades familiares. La señora Bennet ve el matrimonio como única esperanza para sus hijas, pues a la muerte del señor Bennet las jóvenes quedaran abandonadas a su suerte a al arbitrio del señor Collins, primo del patriarca y heredero de todo debido a que la propiedad está vinculada. Una economía en declive y un futuro nada halagüeño dada la inexistencia de varones en la progenie, empujan a sus protagonistas a buscar en un favorecedor matrimonio la solución a sus problemas de solvencia. Al comienzo del largometraje se nos muestra de forma detallada las diferentes estancias del alojamiento familiar y su entorno. Se trata de un palacio ubicado en un entorno rural. Pese a las manifiestas señales de deterioro del mismo es obvio, por numerosos detalles que pasaré a desarrollar más adelante, que se trata de una residencia noble. El padre y cabeza de familia no realiza oficio alguno exceptuando la gestión de sus propiedades. Su mujer e hijas permanecen ociosas o practicando algunas actividades propias de las mujeres de su estatus como la pintura, la lectura o la música, atendidas además por varios criados de la casa en las tareas cotidianas del vestido o alimento. Lizzy, la segunda de las hermanas, es la protagonista femenina de esta película. La primera imagen que de ella ofrece el *film* la presenta con un libro en sus manos, detalle definitorio de la clase social a la que pertenece.

En diferentes escenas de la película conoceremos a otros personajes pertenecientes también a la baja nobleza. Se muestran a su vez los contactos sociales entre los diferentes miembros de dicha clase, que suelen girar en torno a un baile organizado por alguna de las familias o la invitación a alguna comida donde se favorece un contacto más cercano. Los vestuarios, las casas, la ornamentación de ésta, la cantidad de invitados a atender y las prebendas a los mismos, se detallan también como una manifestación de riqueza y poder que realizaba el anfitrión a sus agasajados.

Pertenecientes a la alta nobleza se nos presenta a tres familias: Bingley, Darcy y Bourgh. Las diferencias con las familias de la baja nobleza son notables. Mr. Fitzwilliam Darcy es el protagonista masculino de la obra. Se presenta como un joven inteligente, apuesto, y refinado. Tras la muerte de su padre él hereda una gran fortuna junto a la tutoría y protección de su hermana menor. Inicialmente considera a Elizabeth socialmente inferior a él, no merecedora de sus atenciones, pero descubre que a pesar de todo no puede evitar sus sentimientos hacia ella. Lady Catherine de Bourgh es una viuda distinguida tía de Mr. Fitzwilliam Darcy, con el que tiene el compromiso de casar a su hija. Ella rehúsa por completo a emparentar con una familia de clase inferior a la suya amenazando incluso con negar la protección a su sobrino. Sr. Charles Bingley es el mejor amigo del Sr. Darcy pero con un carácter diferente, alegre y jovial. Él también se enamora de una de las hermanas Bennet pero aparentemente sus prejuicios de clase no son tan manifiestos. El clero y la milicia están representados por el Sr. Wickham y el Sr. Collins. El primero, militar de porte afable y elegante, se descubrirá como una persona arrogante y aprovechada que no dudará actuar de forma irresponsable y vil con el fin de mantener una posición económica desahogada. El segundo, protegido de Lady Catherine de Bourgh, consigue con su impertinencia, torpeza en las relaciones sociales y cumplidos exagerados, ganarse el desprecio del resto de los protagonistas. Se casa con la mejor amiga de la protagonista, Charlotte Lucas, a través de la cual la autora de esta obra incide también en la necesidad de las mujeres de un casamiento ventajoso. Ella tiene 27 años (una edad madura) y se encuentra en una precaria situación económica, definiéndose a sí misma como una carga para sus padres. Aunque Lizzy le espeta a su amiga en un primer momento que sacrifica sus convicciones por asuntos materiales, pronto entenderá que su amiga prefirió la seguridad al amor: "no todas podemos darnos el lujo de ser románticas".

La nobleza inglesa del siglo XVIII

La aristocracia desempeñó en este siglo un papel protagonista en la vida política e instituciones. Ocupaba el puesto más alto en la escala social y disponía de recursos económicos inmensos. Culta, educada y refinada, difundía por toda la sociedad un estilo de vida que perduraría y sería imitado incluso mucho después de su desaparición como seña de estamento privilegiado. La nobleza estaba presente en todos los países de Europa, aunque no constituía un grupo homogéneo, ni siquiera en el interior de cada país. El cuadro dominante era el de una nobleza insertada definitivamente en el marco estatal y que colabora en su desarrollo, tratando siempre de mantener su situación de privilegio. En Inglaterra la influencia política era muy considerable pues el estamento noble controlaba la práctica totalidad de los escaños parlamentarios.

Inglaterra era el país con la nobleza más escasa y donde los límites del estamento estaban más nítidamente señalados, ya que, jurídicamente, tal distinción correspondía en exclusiva a los pares (menos de 400 familias), quienes la transmitían únicamente a su primogénito. Sin embargo, la opinión general consideraba nobles también a los segundones de los pares y a las *gentry*, grupo destacado de terratenientes que adoptaba formas de vida más propias de la nobleza que de la burguesía.

En 1700 Inglaterra era básicamente agrícola. La nueva organización del sistema agrícola dio más beneficios a las clases altas, produjo más comida para una sociedad en aumento y creó un nuevo proletariado que trabajaría para la Revolución Industrial. Pero mientras la Revolución Francesa fue apoyada por las clases medias, las ideas revolucionarias no tuvieron la misma acogida en Inglaterra. En 1750 empezaron a emerger grandes ciudades y aunque la población de las mismas no tenía representación parlamentaria y las condiciones de vida eran especialmente duras, el siglo XVIII trajo mejoras considerables tales como la iluminación y la limpieza de muchas calles londinenses. Ciertamente las diferencias entre clases altas y bajas eran notables, pero las condiciones sociales en Inglaterra eran de las mejores en Europa. A finales del siglo XVIII la nobleza y las clases medias habían acumulado considerables riquezas gracias al comercio y ejercían un poder considerable a través del parlamento, pero a pesar de estos cambios las condiciones del trabajo seguían siendo extremadamente duras.

La situación económica constituía en elemento de suma importancia para la nobleza, pues el mantenimiento del ideal de vida noble exigía solidez económica. Para asegurar esa base económica todos los países contaban con costumbres sucesorias o figuras jurídicas que trataban de preservar el patrimonio nobiliario y su permanencia en el seno de la familia. Hacían de su titular un mero usufructuario mediante la constitución de vínculos sobre todos o gran parte de los bienes que, formando una unidad indivisible e inalienable, se transmitía a un solo heredero, siguiéndose, normalmente, el orden de primogenitura masculina. Es el caso del *mayorazgo* español, el *morgado* portugués, el *fideicomiso* italiano, el *fideikommis* austriaco o el *strict settlement* inglés. La rigidez de estas normas no era la misma en todos los casos, pudiéndose por ejemplo en el caso de Inglaterra retocarse el patrimonio vinculado en cada transmisión, ni tampoco estas normas jurídicas eran facultad exclusiva de la nobleza como en el caso español. Estos vínculos condicionaban entonces fuertemente el destino de los segundones, al tener que buscar su mantenimiento en el ejército, la burocracia o la iglesia, en el supuesto de tener preparación para ello, o depender enteramente del titular; para las hijas no quedaba otro camino que un matrimonio favorable, si se conseguía reunir la dote apropiada, o la soltería o ingreso en convento en caso contrario. Estas opciones son claramente identificables en "Orgullo y Prejuicio" y las analizaremos posteriormente.

Pero no todo el estamento disfrutaba de una situación económica saneada. Había nobles pobres que pasaban todo tipo de privaciones, sobre todo en los países donde el estamento era más numeroso. Estas dificultades, por ejemplo, podrían manifestarse a la hora de educar convenientemente a los hijos en una época en que se necesitaba una preparación cada vez mayor pero no menos costosa. G. E. Mingay describió la pirámide nobiliaria en Inglaterra, que oscilaba entre los 300 a 1000 libras anuales percibidas por la amplia base de gentleman, a las 30.000 de una reducida minoría de altos nobles. Pero aun siendo las diferencias internas considerables existe una constatación: la inmensa riqueza que en su conjunto poseía la nobleza europea. Una riqueza que giraba en primer lugar en torno a la tierra, siendo la nobleza inglesa la que mayor porción de tierra cultivable controlaba. Otro tipo de actividades, relacionadas fundamentalmente con el comercio y el trabajo manual o mecánico, tradicionalmente estaban vetadas a los nobles. L. Stone ha discutido la habitualmente admitida dedicación de los segundones de la elite inglesa al comercio y la industria, al menos durante el siglo XVIII. Nada se lo impedía, pero en la práctica, disponiendo de una asignación anual por parte de la familia, les resultaba fácil conseguir un oficio público o entrar en el ejército y la iglesia. Y pudiendo además acceder a matrimonios ventajosos dentro de su grupo social, prácticamente ninguno se dedicó al comercio y a la industria. En todo caso, si existían intentos más o menos decididos, por parte de los gobiernos ilustrados y de algunos intelectuales y poderes económicos, por estimular la participación de la nobleza en actividades industriales y comerciales, arrinconando los viejos prejuicios.

Ningún grupo social mitificó tanto la cuna como la nobleza. Se nacía noble y, en principio era la nobleza de sangre (heredada) la más apreciada, llegándose a esgrimir incluso supuestas diferencias raciales para justificar la transmisión de condición social, privilegios y hasta virtudes por vía genética. Los matrimonios mixtos constituían otro modo de aportar solidez económica a la nobleza. Dentro del control que se ejercía sobre los mismos se solía preferir, a la hora de realizar matrimonios más o menos desiguales, entroncar con familias ya ennoblecidas, aunque fuera muy recientemente. Pero, habiendo sido el número de pares duplicado en el siglo XVIII, la inmensa mayoría de los nuevos títulos recayó en individuos previamente entroncados de alguna forma con la nobleza.

En realidad, pese a los prejuicios en torno a la sangre, la nobleza, de hecho, no constituía un grupo cerrado. Los monarcas contaron entre sus atribuciones la de ennoblecer a sus súbditos, concediendo estatutos, privilegios o cartas de nobleza para premiar servicios eminentes en la milicia, la política, la administración, las finanzas reales o, ya en el siglo XVIII, el mérito civil e incluso económico.

Por otra parte, también existieron caminos más o menos fraudulentos para llegar a un estado que, en última instancia se basaba en la universal aceptación. La frontera del estamento no dejaba de ser un tanto difusa y permeable. Y aunque desde el punto de vista jurídico la nobleza constituía en principio una unidad, cuestiones como titulación, antigüedad, función, riqueza y hábitat, rural o urbano, establecían una gran heterogeneidad y una clara jerarquización interna. La identificación psicológica de nobleza con nobleza titulada, es decir, poseedora de un título aristocrático, será la única que sobreviva en el tiempo. La ostentación de este título supondrá la principal barrera divisoria en el seno del estamento.

La tendencia dominante en el siglo XVIII fue, no obstante, la de clarificar esa frontera, limitar la concesión real de ennoblecimientos (no así la de títulos aristocráticos a los ya nobles) y reducir el volumen del estamento nobiliario. Las propias capas altas nobiliarias reconocían la exigüidad en el número como algo necesario para la nobleza. J. Meyer estima que en el período comprendido entre 1780 y 1800 la nobleza europea, en conjunto, pudo reducirse entre un tercio y la mitad de sus efectivos, lo que sólo en parte podría achacarse a los efectos de la Revolución Francesa.

Los privilegios nobiliarios eran, por una parte, de naturaleza jurídico-procesal, destacando el derecho a ser juzgados por tribunales propios, con un procedimiento del que se excluía el tormento y con penas que excluían las consideradas ignominiosas (azotes por ejemplo) y que, por lo general, eran más suaves que las ordinarias: arresto domiciliario por prisión, decapitación y no ahorcamiento. Con la excepción de los nobles ingleses y de los de algunas repúblicas italianas, gozaban además de inmunidad fiscal, total o parcial, frente a los impuestos directos. Pero, aunque fue éste el privilegio más socavado por las monarquías modernas, que recurrieron a las tributaciones indirectas y a otras formas de contribución específicas, siguieron disfrutando de cierto trato de favor.

Riqueza, privilegios, poder, reconocimiento social, refinamiento... todo ello confluía en la nobleza europea del siglo XVIII y continuaba ejerciendo una irresistible atracción sobre el resto de la sociedad y, especialmente, sobre sus elementos más destacados. Tal y como se muestra en el *film*, esta clase social mantenía un elevadísimo concepto de sí misma, exhibiendo su orgullo, actitud manifiesta en la alta nobleza inglesa. No renunciaba a reconocimientos y preeminencias y en el trato con los demás exigía deferencia e incluso sumisión. La actitud de los miembros de la baja nobleza, al que en ocasiones sólo unos privilegios le distinguían de sus vecinos, era menos severa. Se iba extendiendo paulatinamente la educación y cada vez quedaba menos del noble rudo de los siglos anteriores, pero sólo los estratos más elevados tenían acceso a la cultura superior, bien por medio de instructores privados, por su asistencia a costosos colegios de jesuitas, a la universidad o a los gimnasios nórdicos; y cuidaban igualmente la educación femenina, en la propia casa, en colegios especializados o en conventos que preparaban a la mujer para el papel que se esperaba cumpliera en la sociedad. Aumentó el número de nobles que poseían bibliotecas, así como el tamaño de éstas. En concreto en Francia, siendo más numerosas, estaban más nutridas y tenían una mayor orientación hacia la modernidad (sin faltar libros prohibidos y críticos con el ordenamiento social) las de la nobleza capitalina que las de la nobleza provincial. Pero en conjunto fueron los nobles ingleses, educados frecuentemente en las universidades de Oxford y Cambridge, los más cultos de Europa. Y, probablemente, los más cosmopolitas y aficionados a viajar por otros países. Ni siquiera se consideraba completa su formación si no se había realizado el *Grand Tour*, viaje por las principales ciudades europeas entre las que nunca faltaban París y Venecia, costumbre que se extenderá también a la nobleza de otros países.

En este siglo el crecimiento económico de Inglaterra reforzó notablemente la posición de la burguesía. Esta clase consolidaba su acción comercial, financiera y ahora también capitalista que oscilaba entre la integración ideológica en la aristocracia y la defensa de un espacio propio en una nueva articulación de las relaciones sociales. Como ocurre con el resto de clases, las nuevas surgidas también necesitaban definir su propio modelo de imagen, de representación. En Inglaterra esta burguesía, junto con un sector renovado de la aristocracia terrateniente, fundamentaron dicha imagen en la educción y el refinamiento por oposición a la rudeza que había sido característica de la nobleza rural en la Edad Moderna Temprana. Se intentó buscar la imagen positiva del comercio y las riquezas relacionándolas con la virtud e identificándolas de alguna manera con cierto espíritu nacional. El crecimiento del país como potencia comercial necesitaba acompañarse de un aval visual, y éste se quiso concretar en un ideal de sociedad educada que asumía nuevos estilos e iconografías de auto-exhibición. Aunque un segmento de la antigua *gentry* más conservadora permanecía fiel al viejo modelo cultural, e incluso se hacía retratar haciendo gala de su rudeza, la mayor parte de la clase dirigente acabó por asumir este modelo cultural de imbricación entre valores burgueses y refinamiento aristocrático. Así William Hogarth (1697-1764), cuyos primeros apoyos procedieron del entorno financiero y profesional de Londres, encontró un amplio número de compradores entre los escalones inferiores de la nueva élite. Pero al tiempo, sus modelos también encontraban recepción en la alta nobleza a través de las variantes más refinadas que producía el pintor Charles Philips.

Como consecuencia de estos cambios ideológicos y sociales se conformó gradualmente una amplia esfera pública que admitía el arte como uno de los temas corrientes de opinión. En Francia, la práctica artística se había consagrado como actividad de interés cultural público gracias a la asunción corriente del modelo teórico propugnado por la Academia. En Inglaterra el arte y la estética se convirtieron en uno de los asuntos básicos de socialización dentro de la "república del gusto" que pretendía su ideal político de sociedad educada. Una de las novedades estrictamente artísticas que alcanzaron un desarrollo mucho más amplio en Francia y en Inglaterra, y que comprendía tanto a los artistas, los intermediarios y su público, fue la anticipación del sistema de galerías mediante la producción de pinturas sin encargo previo y su venta libre en tiendas. Sobre la aparición de esta nueva forma de exponer arte y poder se hace clara referencia en la película cuando, en las mansiones de la alta nobleza, se ofrece la posibilidad de visitar sus galerías de arte.

A partir de ahora, aunque el éxito aristocrático no se juzgase en términos puramente económicos, si era incompatible con el fracaso económico. A lo largo de los siglos, los recursos económicos de las grandes familias comprendían sobre todo tierras y familia, pero surgían formas nuevas de actividad económica que proveían nuevas oportunidades. En ocasiones los nobles habían de demostrar que estaban alerta bien aventurándose en el comercio de ultramar, en la planificación urbana o en el desarrollo industrial, o bien recorriendo sus fincas y poniendo en orden los asuntos familiares tal y como se observa en la película a analizar. A mediados del siglo XVIII compañías comerciales francesas en la Guayana o en el Báltico contaban con la participación tanto de cortesanos prominentes como de respetables *gentlemen* rurales. Así, los aristócratas que sobrevivieron en el S. XIX, continuaron beneficiándose de su participación en nuevas formas de empresa. No obstante, tal y como comenté anteriormente, el asunto seguía siendo complejo. Continuaban persistiendo a lo largo de los siglos los recelos a involucrarse de forma demasiado directa en el comercio (por no hablar del trabajo manual). Cuando Lord Mountjoy se involucró a fondo en la gestión de sus plantas de alumbre en Canford, al comienzo del reinado de Isabel, sus vecinos murmuraron que el *gentlemen* se había transformado en un minero. Un aspecto clave seguía siendo entonces que esa participación aristocrática fuera a distancia. Durante la ilustración se intentarán desafiar viejos prejuicios en nombre de la prosperidad y de la utilidad pública. Esgrimían que lo que importaba era la creación de riqueza y no el rango social de quienes la creaban, o la estima social que acarreaban ciertas de sus formas. Pero los viejos prejuicios en el siglo XVIII eran difíciles de erradicar. Las fortunas aristocráticas podían explotar nuevos recursos, pero siempre de un modo inconfundiblemente aristocrático. Los nobles eran (de forma innata) diferentes; su actividad económica había de ajustarse a esa premisa. Y esa diferencia no estribaba sólo en que eran más ricos que los demás. Algunas actividades económicas les eran exclusivas, y la compra y la herencia de ciertos tipos de propiedad les estaban reservadas sólo a ellos. Los nobles debían establecer un equilibrio entre las futuras necesidades de su casa y la presente obligación de vivir, es decir gastar, conforme a su rango. La visible extravagancia de la riqueza aristocrática no era, dentro de su contexto, irracional ni carecía de significado. Tan generoso despliegue se realizaba en gran parte para satisfacer las expectativas que la comunidad tenía de cómo debía vivir las grandes familias.

El estado se había convertido durante mucho tiempo en una fuente de oportunidad para los aristócratas. El nacimiento, tal y como sabemos, confería autoridad, tanto si ésta era ejercida en el gobierno local del señor de un castillo o en el séquito parlamentario de un grande de la familia Hannover. Ostentar cargos de poder en el gobierno era lo más natural. Esto formaba parte de la condición aristocrática, y vale tanto para la Inglaterra del siglo XVIII como para el entorno de un rey medieval. Durante siglos, a menos que la simple y llana incompetencia franqueara el camino a sus inferiores sociales, los nobles eran los líderes naturales de la creciente actividad del Estado.

Las actividades de gobierno alcanzaban progresivamente dimensiones cada vez mayores. Pero los *gentlemen* de familias de viejo linaje, y no tan viejo, continuaron ejerciendo el liderazgo como parte de los derechos que les confería el nacimiento. Tener un comienzo fulgurante en la vida pública era pues parte de la herencia de un joven noble. Lord Chesterfield dijo a su hijo en 1749 que tendría un escaño en la Cámara de los Comunes tan pronto como fuera mayor de edad. Estaba asumido que un noble joven heredaba su función pública tan incuestionablemente como heredaba el rango.

El liderazgo en una comunidad era también un derecho que tenían por nacimiento los grandes linajes aristocráticos. Y aquí también se cumple el hecho de que una autoridad innata entraña una autoridad hereditaria. Y en cada generación, la encarnación de esa autoridad, tanto pública como doméstica, era el cabeza de familia. La imaginería religiosa ayudaba a que esto se entendiera. En 1582, Tiziano terminó una *Madonna* para conmemorar la reciente victoria, en un combate naval contra los turcos, del noble veneciano Jacopo Pesaro. La pintura, en la iglesia de los Franciscanos de Santa María, apunta los logros del individuo y la distinción de su casa como un todo. La *Madonna* vincula la autoridad doméstica de un gran noble, en tanto que cabeza de familia, a su logro público en cuanto que jefe en la guerra. Y relaciona a ambas con la fortuna de todo un linaje: el pasado, el futuro y el de ultratumba.

Donde más obviamente se encarnaba el liderazgo hereditario era en la Cámara de los Lores, aunque también en la Cámara de los Comunes los miembros eran regularmente escogidos entre las mejores familias de cada condado. Hacia 1830 el vínculo entre la alta cuna y la autoridad pública había demostrado una tenacidad formidable a lo largo de los siglos.

Servir a un hombre de rango y poder hereditarios suponía ya recibir un poco el reflejo de su distinción. Un oscuro origen no tenía que ser necesariamente un impedimento para ello. Conforme las haciendas domésticas de los magnates se hacían más complejas y se agrandaban las familias artificiales de clientes y empleados domésticos, había un margen mayor para que hombres competentes y enérgicos prosperaran como empleados de un señor. El inmenso poder de permanencia de la aristocracia se debía en parte a la capacidad que la clase gobernante tenía de absorber a los advenedizos de orígenes más o menos modestos, así como a la determinación que esos advenedizos tenían para entrar en ella. Gentes así tenían la ventaja de estar en contacto con una gran familia. Mientras más alto fuera el estatus de uno y las ambiciones de otro, más importante era, para progresar, establecer contactos semejantes. El aislamiento era peligroso. Entrar bajo la protección de un grande era un ingrediente importante de la receta del éxito social y político. A mediados del siglo XVIII, los patronos aristocráticos presionaron incesantemente a un influyente experto en mecanismos de poder como el duque de Newcastle en nombre de los *gentlemen* que estaban bajo su "cuidado" y "protección". El patrocinio medieval se desenvolvió en un medio más marcial que el de la Inglaterra georgiana, pero su lógica no era, en esencia, diferente. Hombres de menor rango se encomendaban a un superior feudal a cambio de ascenso y seguridad. En el siglo XVIII el hombre hecho a sí mismo tardaría en llegar. Las relaciones y el patrocinio seguían siendo cruciales entonces, y era en el entorno de los grandes donde cabrían encontrarlos principalmente. Pero desde la Revolución francesa en adelante, la influencia aristocrática empezó a resultar inaceptable, incluso abiertamente corrupta. La relación entre patrono y cliente no iba a tener cabida, o al menos no de forma abiertamente reconocida, en la moderna comunidad política, y mucho menos una relación en la que el poder del patrono se deriva de un nacimiento privilegiado. El liderazgo aristocrático, tal y como había sido conocido, llegaba a su fin. Pero no se debe considerar el patrocinio aristocrático sólo desde la perspectiva negativa. Proporcionaba diversos grados de oportunidad para que los advenedizos gravitaran hacia el poder y la influencia, no siendo siempre indiferentes los patronos nobles a la competencia de aquellos cuyas carreras promovían.

Formas de representación
del poder nobiliario en la película

Familia y fortuna-riqueza y honor

Honor y herencia fueron dos preocupaciones que tuvieron particular importancia en la formación de las asunciones aristocráticas sobre el rango. Desde la Edad Media, la construcción ideológica de la nobleza como estamento se levantaba sobre dos conceptos clave: linaje y virtudes. Aunque han existido intentos de avalar una noción de la nobleza que dependiera fundamentalmente de los méritos individuales de cada persona, éstos no prosperaron demasiado. La nobleza de la Edad Moderna tendió a articular sus marcas de distinción desde una concepción transgeneracional y colectiva que primaba la noción de linaje.

No existe un vínculo forzoso entre el código del honor y la existencia de una jerarquía social bien definida. Pero en la mayor parte del pasado de Occidente, honor y rango han sido parientes cercanos, y el rango era hereditario. Algunas familias heredaron y transmitieron un capital de honor mayor que el de la mayoría de sus contemporáneos. Donde existían grandes disparidades de riqueza y poder, y donde el movimiento entre clases estaba limitado, la mística en torno al nacimiento no era un absurdo. El honor en sí mismo se convirtió en una posesión ancestral. Pero a su vez se convertía en una divisa con la que podía comerciar gente de modesto rango, aunque su provisión de la misma fuera pequeña. Ninguna aristocracia podía permitirse un acceso demasiado exclusivo a la misma sin correr peligro de extinción. Por esta razón se reclutaba a advenedizos tanto para el disfrute de privilegios como para el ejercicio del liderazgo, creciendo así nuevas dinastías. Existe un breve diálogo en la película, entre Lizzy y el coronel Fritz William, donde éste expresa en pocas palabras el tipo de unión que mantiene con el señor Darcy, y que podría acogerse a este ejercicio del liderazgo e igualmente a los correspondientes privilegios disfrutados por el coronel:

—*(Lizzy) ¿Cuánto tiempo piensa quedarse en Kent coronel?*
—*(Coronel) Hasta que Darcy quiera. Estoy a su disposición.*
—*(Lizzy) Parece que todos están a su disposición. Me pregunto si no se casa para asegurarse de que eso siga siendo así.*

Destacar también que a principios de siglo XIX, coincidiendo con las guerras napoleónicas y el duro enfrentamiento que Inglaterra mantenía con Francia, ostentar un rango militar de alta graduación en el ejército era un valor que otorgaba a su propietario distinción social y un lugar también privilegiado en la escala jerárquica. Darcy no introduce en su círculo social a cualquier persona, aunque ésta no disponga de su linaje.

La preocupación por el honor era constante, pero el significado de éste cambió mucho con el paso del tiempo, incluso podía manifestarse bajo un gran número de formas diferentes. Durante muchos siglos existió un código, el deshonor era la pena impuesta por violarlo. El honor implicaba además estima o reputación. El buen nombre era una propiedad, un activo, y el código del honor regulaba la conducta individual sin apenas dar cabida a abstracciones tales como la apelación a la conciencia individual. La comunidad esperaba que un hombre de honor se condujera honorablemente y, en la medida en que así lo hiciera, consideraría intacto su honor o reputación. Salvaguardar este honor, además, concernía por igual a toda la familia, pues la pérdida del mismo por uno de sus miembros suponía el deshonor de toda la familia con la consiguiente repercusión en sus privilegios y degradación de su estatus. Ejemplo de ello en la película es la preocupación mantenida por Lizzy y toda su familia cuando su hermana decide fugarse con el Sr. Wickham, siendo la celebración de un rápido matrimonio entre los mismos la única solución ante la pérdida inminente de todo el honor de la familia. A continuación, expongo el momento en que Lizzy informa a sus tíos y al señor Darcy de lo acontecido a su hermana, convirtiéndose el restablecimiento del honor perdido en una cuestión prioritaria a resolver por la familia. De la misma forma la señora Bennet llora desconsolada junto a sus hijas asumiendo la pérdida del honor por parte de todas ellas, y la dificultad añadida ahora para encontrar marido y por tanto sustento en el futuro.

> —*Lizzy: Es una noticia horrible. Lidia se ha fugado con el señor Wickham. Han partido de Brighton hacia dios sabe dónde. Ella no tiene dinero ni contactos. La hemos perdido para siempre.*
> —*Darcy: Es culpa mía. Tenía que haber desenmascarado antes a Wickham.*
> —*Lizzy. No, la culpa es mía. Yo podría haberlo evitado si hubiera sido más abierta con mis hermanas.*
> —*Tío: ¿Habéis hecho algo para recuperarla?*
> —*Lizzy: Mi padre se ha ido a Londres, pero sé muy bien que no se puede hacer nada. No tengo la más mínima esperanza.*
> —*Darcy: Quisiera ayudarla.*
> —*Lizzy: Señor, es demasiado tarde.*
> —*Darcy: Es un asunto muy grave, les dejo, adiós.*
> —*Tío: Debemos irnos enseguida. Me reuniré con el señor Bennet y buscaremos a Lidia antes de que deshonre a la familia para siempre.*
> —*Señora Bennet: ¿Por qué razón no la vigilaron bien los Foster? Siempre he dicho que no serían capaces de cuidar de ella.*
> —*Hermana Lizzy: Y ahora ha perdido la honra.*
> —*Señora Bennet: ¡Todos hemos sido deshonrados! ¿quién querrá casarse con vosotras después de esto? Ahora el pobre señor Bennet tendrá que enfrentarse a ese malvado de Wickham y eso le matará.*
> —*Hermana Lizzy: Aun no lo han encontrado mamá.*

—*Señora Bennet: Y seguro que el señor Colling nos echa de aquí antes de que se enfríe su cadáver.*

Honor también poseía otro sentido: el de los beneficios material que cerraban el ciclo y recompensaban la conducta honorable y el buen nombre. Los monarcas del siglo XVI y XVII, acuciados por la precaria situación de sus finanzas, repartieron profusamente honores en forma de títulos y privilegios. Y los honores que recompensaban la distinción cobraron una variedad de formas cotidianas; lugares de honor en la mesa, asientos de honor en las iglesias, en las procesiones públicas, y, para quienes infringían la ley formas honorables de ejecución, generalmente la espada. Los principios del código de honor fueron puestos en práctica en el seno de comunidades que eran jerárquicas en diverso grado. Los aspectos prácticos del código (mantener la reputación o proveerse de signos visibles de honor) se vieron en mayor o menor grado teñidos de consideraciones de nacimiento y estatus. Ser de baja extracción social podía condenar a algunos hombres (quizás a una mayoría) al desdén permanente de sus más honorable superiores.

Este desdén por parte de la alta nobleza, así como los signos visibles del código de honor, son gráficos en escenas del *film* que a continuación describo. La primera aparición en la película de Darcy y sus amigos se hace en un baile al que han sido invitados tras su reciente llegada al lugar. Es allí donde estos miembros de la alta nobleza aparecen por primera vez ante el resto de las familias de la comarca. Su estatus y distinción son reconocidas y aceptadas como instrumentos de separación de clases desde su primera puesta en escena. Así mismo la conducta de estos nobles, y la de los demás invitados hacia ellos, confirman su notable superioridad: todos los invitados cesan su actividad cuando ellos aparecen en la sala y proceden a saludarlos al unísono con una reverencia, se abre un pasillo central por donde caminan hasta ocupar un lugar privilegiado en el salón, y hasta que ellos no están ubicados en el lugar que les corresponde no continua la música. La mirada y lenguaje corporal de estos nobles denota contención en todo momento, asumiendo y exponiendo con ella un frío distanciamiento y severa altivez con respecto al resto del personal.

Otra escena donde se describen las rigurosas normas que establecían el acercamiento a alguien de superior clase social y el trato dispensado por estos últimos, es aquella en la que el Sr. Collings decide presentarse ante el Sr. Darcy en otro baile. La mirada despectiva de éste, el aire de indiferencia en su gesto e incluso desaprobación ante el mero hecho de llamar su atención sin las respectivas presentaciones previas, muestran hasta qué punto era asumido por estos nobles un rango distintivo y de absoluta superioridad ante todos los demás.

También se refleja en la historia de Jane Austen el honor que emana de los favores o gracias con los que aquellos de mayor estatus favorecen a las familias de inferior condición. Ejemplo de ello es el honor sentido por el señor Collings al ser invitado a cenar en repetidas ocasiones por Lady Catherine de Bourgh, o el hecho de que ella misma permita que la esposa del clérigo haga uso de su piano, siempre por supuesto en una habitación contraria a las utilizadas por los nobles de la residencia. Sentimientos parecidos expresa el tío de nuestra protagonista cuando es invitado a cazar en las tierras del señor Darcy o invitado a cenar en su casa palacio. Todos estas gracias recibidas suponen para los representantes de la media y baja nobleza la posibilidad de poder alardear sobre las estrechas relaciones mantenidas con personas de mayor influencia, lo que al mismo tiempo favorece la suya propia, bien por los posteriores favores que puedan recibir, como su protección bajo la donación de una casa o iglesia, o bien sólo por su presentación a la sociedad como cercanos o protegidos de nobles de alta alcurnia.

Las nociones de honor pues, igual que la preocupación por los privilegios legales, calaron muy hondo en el orden social, yendo más allá de los límites inferiores de la nobleza, siendo la burla y la hostilidad la otorgada a quienes pretendían una consideración superior a las que les era debida por su rango.

En la película "Orgullo y Prejuicio" son numerosas las escenas en la que sus protagonistas demuestran su preocupación ante la posible pérdida del honor o su esfuerzo infatigable por mantener y demostrar el mismo. Arrogancia, burla, desdén, honor..., todas estas actitudes son descritas en la famosa declaración de amor del señor Darcy hacia la señorita Elizabeth. A continuación, expongo los fragmentos más significativos con respecto al tema que nos ocupa.

—*(Señor Darcy) Señorita Elizabeth, he luchado en vano, y ya no lo soporto más. Estos últimos meses han sido un tormento. Vine a Rosings con la única idea de verla a usted. He luchado contra el sentido común, las expectativas de mi familia, su inferioridad social, mi posición y circunstancia, pero soy incapaz de contener mis sentimientos y estoy dispuesto a dejarlos a un lado y pedirle que ponga fin a esta agonía.*

—*(Señorita Elizabeth) Usted separo a una joven pareja que se amaba y expuso a su amigo a las censuras del mundo y a mi hermana a la burla que despiertan las esperanzas frustradas, sumiéndolos a los dos en el más vivo dolor.*

—*(Señorita Elizabeth) Mi hermana apenas expresa sus sentimientos. Me imagino que piensa que su fortuna también…*

—*(Señor Darcy): No, yo no le haría tal deshonor a su hermana, aunque se sugirió… Era evidente que se trataba de un casamiento ventajoso.*

—*(Señorita Elizabeth): ¿Es que mi hermana dio esa impresión?*

—*(Señor Darcy): Era la falta de distinción de su madre, de sus tres hermanas pequeñas incluso de su padre. Perdóneme. Usted y su hermana Jane quedan excluidas de esto.*

—*(Señor Darcy): … y no me avergüenzo de los sentimientos que he manifestado, eran naturales y justos… ¿Cómo podía suponer usted que me agradase la inferioridad de su familia y que me congratulase por la perspectiva de tener unos parientes cuya condición están tan por debajo de la mía?*

—*(Señorita Elizabeth): Desde el principio, casi desde el primer instante en que le conocí, sus modales me convencieron de su*

> *arrogancia, de su vanidad y de su egoísta desdén hacia los sentimientos ajenos.*

En este diálogo aparecen retratadas todas las virtudes que caracterizan a un noble, y que al mismo tiempo limitan su relación con personas de distinta condición social. El protagonista masculino, perteneciente a la alta nobleza inglesa, expresa el conflicto real que suponía el emparentar con una familia cuya distinción no estaba a la altura. Y ésta, al igual que el honor, no sólo se fundamentaba en la posesión de riquezas, sino que se relacionaba de igual modo con la conducta y posición social. Sin duda los modales jocosos y extrovertidos de la familia Bennet no entraban en esta definición. El señor Darcy hace referencia además a la presión de las expectativas de la familia, que sin lugar a duda desaprueban un enlace nada ventajoso para ellos en ningún sentido. El matrimonio, como veremos más adelante, era un acuerdo de negocios del que ambas partes intentaban salir beneficiadas. Principalmente se dirigía hacia la expansión y consolidación de la fortuna familiar e, igualmente, hacia la toma de contacto con otros individuos de fortuna e igual condición social. Un casamiento tan poco ventajoso como el representado en esta película era algo propio sólo de una novela.

La definición que Darcy hace de sus sentimientos como *naturales y justos,* confirman la creencia y asunción plena de una nobleza de sangre cuyo linaje hace innato en todas sus generaciones las atribuciones de distinción y honor, e igualmente deja a las clases de orden inferior en la jerarquía de poder casi desprovistas de tales cualidades.

Las guerras seguían ofreciendo, a los hombres que se distinguieran, oportunidades para añadir una aportación personal al acervo heredado. Con el paso del tiempo aparecieron otros medios para acariciar oportunidades. Una buena educación, así como el talento para los asuntos públicos serían uno de estos medios para pasar a tener una sólida respetabilidad local o una preeminencia nacional. Los nobles entonces no eran los únicos que disfrutaban de privilegios de una u otra especie, pero ciertos privilegios, exenciones de impuestos, un derecho sucesorio distinto o el monopolio sobre ciertos cargos públicos, se asociaron en épocas y lugares diferentes a un estatus noble.

La nobleza de sangre o de linaje acabó con el paso del tiempo concentrándose en torno a un número muy reducido de familias aristocráticas, debido fundamentalmente a los matrimonios dentro de este círculo social exclusivo. El nacimiento situaba a un hombre además dentro de una jerarquía de honor. Aristocracia implicaba además riqueza, y ésta a su vez, y en general la vida económica de la aristocracia, fue moldeada por consideraciones de lo que era o no honorable y compatible con esa distinción innata que tenían conferida. Rango y honor constituían una jerarquía, un orden que ha sido considerado natural hasta época muy reciente.

Ser noble implicaba además unos hábitos culturales sobre los que se fundamentaban el reconocimiento del estatus social. Existían determinados signos que podían hacerse extensivos tanto a comportamientos como escenografías. Las conductas y la forma de presentarse ponían de relieve gradaciones más formales dentro de la sociedad honorable. Las buenas maneras además imponían un control de la expresión y del gesto, prescribiendo un dominio casi absoluto del propio cuerpo, la cortesía ordenaba que se refrenasen también los sentimientos, disimulando tanto las muestras de alegría como las de ira o disgusto. La modernidad se caracteriza pues por el triunfo del control que el individuo se aplica a sí mismo, el caballero cortés compuesto, siempre mesurado.

Los hábitos referidos, así como las gradaciones subsiguientes en la escala social son claramente expuestos en la película. Son significativas las diferencias de comportamiento, tanto en el ámbito privado como en el público, de las diferentes familias. La contención y el hieratismo de las clases más altas son definitorias de su conducta en todas sus actividades: un baile, un almuerzo, una conversación en un salón particular... Llamo la atención sobre este aspecto en la disimilitud entre la familia Bennet y Darcy en actos como las comidas familiares o la simple estancia en el salón de la casa en compañía de los distintos familiares. Las conductas de los miembros de estas familias son notablemente diferentes, caracterizándose la primera por la expresión tanto verbal como corporal de relajación, espontaneidad y naturalidad y la segunda por el mantenimiento de la altivez y solemnidad en todo momento.

La escenografía de los diferentes ambientes también es reflejo de estas disparidades. Se nos muestra a los miembros de la alta nobleza en grandes salones donde se mantiene una marcada distancia entre todos sus miembros. Su postura es rígida y su semblante serio y apenas expresivo. Sentados alrededor de la mesa cada uno de ellos dispone de un criado que les atiende en su más mínimo requerimiento y que permanece en pie cercano a ellos hasta que abandonan la misma. La lujosa vajilla también mantiene un lugar predeterminado en la mesa y un justo y concreto uso nunca obviado. Las conversaciones entre ellos son igualmente calculadas y medidas. Sin duda la distinción y supremacía innata para ellos no les otorga oportunidad ni necesidad de opuestos comportamientos. Sin embargo, la familia Bennet mantiene una postura más familiar en la intimidad, relajando tanto su control postural como la expresión de sus sentimientos. El lujo es manifiestamente inferior y en la misma proporción disminuyen o se infravaloran las pautas de conducta ligadas a su uso.

La indumentaria de los nobles también era reflejo de su poder. No sólo se utilizaba para cubrir su cuerpo, sino que con ella misma se reflejaba un estatus. La ropa conseguía aportar a la mujer un aspecto esbelto y escultural. El corsé consigue lucir un talle de avispa, las faldas largas y las telas ricas de terciopelo, damasco, brocado, así como transparentes bordadas sobre sedas con finos adornos, embellecían aún más la figura femenina. Las cintas se usaban para tocados y vestidos. El peinado se recogía desde la nuca hacia arriba y luego se arrollaba en pequeños bucles que caían a ambos lados de la frente. El traje masculino inglés se impuso por muchos países europeos, de color negro y pantalón largo y estrecho. El frac, con cuellos rígidos y vueltos será otra prenda que marque la distinción.

Las distinciones de honor y de estatus oscilaban de lo fastuoso a lo moderno. Para quienes albergaban esperanzas de lograr una cuota de distinción en mayor o menor medida, el nacimiento era crucial (en comunidades con poca movilidad social, la aceptación general de las ventajas del nacimiento podía servir para aplacar los motivos de queja de los menos favorecidos). Pese a ello, la asociación de sangre, rango y liderazgo, planteaba su propia problemática. La extinción de linajes nobles se ha relacionado a menudo popularmente con la violencia aristocrática; se dice que los barones ingleses cometieron suicidio colectivo en los campos de batalla de las Guerras de las Rosas. La realidad era más simple: las familias nobles, como las demás, eran intermitentemente víctimas de la enfermedad y de la infertilidad. Pero sea por la razón que fuera, el hecho es que las dinastías de quienes nacieron nobles no lograron inmortalizarse colectivamente. Las noblezas requerían de un reabastecimiento permanente, y la autoridad pública también veía con buenos ojos incrementar hasta cierto punto el número de quienes eran ostensiblemente honorables. La gran cantidad de nuevos títulos creados por el gobierno inglés después de 1603 es un buen ejemplo de ello. El incremento de honores aseguraba al nuevo régimen de los Estuardo beneficios en metálico, así como un aumento de apoyos políticos. Tal y como Lord Lovat dijo en la Cámara de los Lores en 1957, la aristocracia, como los cotos de caza, necesita surtirse con regularidad.

Aunque en la Edad Moderna se mantuvo la distinción medieval entre distintos cuerpos sociales, esa estructura necesitó de la disposición de nuevos medios de legitimación identitaria, que sirvieran para responder a los retos que planteaban los cambios sociales del mundo moderno, y para establecer vías para la asimilación ideológica de los recién llegados. Las políticas artísticas en su conjunto fueron utilizadas como instrumento para hacer visibles esas señales de nobleza, y progresivamente fue ganando terreno el propio reconocimiento del campo artístico como marca de legitimación social. Establecer un vínculo directo entre el uso de determinados símbolos y la posesión del estatuto de nobleza era imprescindible, y la imagen pública estaba notablemente mediada por el arte. Gran parte de las herramientas de representación se basaban en edificios, pinturas, estatuas, colecciones, composiciones musicales u obras literarias concebidas por artistas; también, la simple demostración de aprecio, convivencia o protección de las artes podía ser entendida en sí misma como indicio de nobleza. En puntos posteriores desarrollaré este concepto del arte unido a la imagen de poder, reflejado en la película. La música, la pintura, la escultura...la posesión de arte aumentaba la visión ennoblecida de su poseedor, y era práctica común tanto en la alta como en la baja nobleza aunque con claras diferencias.

Otra de las prerrogativas del noble, incluso a veces obligación jurisdiccional, era el derecho de patronato sobre establecimientos religiosos. Esta protección de templos llevaba aparejados derechos y deberes. El patrón debía sufragar el mantenimiento y los servicios, a menudo destinando rentas a los mismos. A cambio obtenía la facultad de nombrar capellanes, enterramientos familiares, y las ventajas que se derivan de poder determinar los programas decorativos, interviniendo en el encargo de retablos y otros ornamentos, así como una preeminencia jerárquica en las ceremonias litúrgicas que se desarrollasen. Dependiendo de la situación de la familia, la escala de estos patronatos varía desde una simple capilla lateral de una pequeña parroquia, hasta el codiciado altar mayor de un gran convento. Una familia incluso podría mantener varios patronatos simultáneos y repartirlos entre sus distintas ramas. Tanto la propia posesión de un patronato como el escaparate social que éste brindaba, eran un signo en sí mismo de poder.

En la película que nos ocupa el Sr. Collins mantiene una conversación con miembros de la familia Bennet en la que se nos expone esta cuestión. Este personaje pertenece al clero y acude a casa del Sr. Bennet con la intención de casarse con una de sus hijas. Los motivos que le mueven a ello nada tiene que ver con asuntos de amor. Su verdadera intención es cumplir el mandato de su benefactora, que no sólo decide sobre su labor como clérigo sino sobre su vida privada. El Sr. Collins no duda en utilizar la amenaza del desahucio contra la que desea sea su prometida, ya que él es el único heredero de todas las propiedades una vez fallezca su padre, con tal de cumplir las "recomendaciones" de su protectora.

—(Sr. Collins) Me honro de tener como benefactora a Lady Catherine de Bourgh. Mi pequeña rectoría linda con su propiedad, Rosings Park, y a menudo se digna a pasar por mi humilde vivienda en su coche de caballos...

—(Sr. Collins)... Supongo señora Bennet que estará al corriente de que la generosa Lady Catherine me ha donado una casa parroquial de gran tamaño... pues bien, tengo la esperanza de encontrar pronto una esposa.

—(Sr. Collins en su apuesta de matrimonio a la señorita Bennet) ... Pero antes de que mis sentimientos se desboquen tal vez deba exponerle las razones para casarme. Primero que es mi deber como clérigo predicar el matrimonio a mis feligreses con mi ejemplo. Segundo que estoy convencido de que casándome seré más feliz y tercero que es una recomendación de mi estimada protectora Lady Catherine de Bourgh que elija una esposa... Debo añadir que Lady Catherine dará su aprobación en cuanto le hable de su modestia, de su austeridad y de otras de sus muchas cualidades.

En las imágenes de la rectoría podemos observar cómo los miembros de la alta nobleza permanecen en un lugar privilegiado del recinto, separados del resto. Su vestuario y pose también los diferencian del resto. Se nos muestras a varios de los feligreses que componen el pueblo llano bostezando o distraídos, en contraposición con la postura erguida y semblante serio y solemne de aquellos pertenecientes a la alta nobleza.

El uso de las obras de arte como señales de nobleza se extendía como se ha señalado a las residencias de los nobles. Gracias al desarrollo de costumbres de socialización política, y a los poderes jurisdiccionales del estamento, que implicaban una cierta participación en el gobierno, estas residencias se configuraban como espacios de poder donde las barreras entre lo público y lo privado se difuminaban con facilidad. La imponente masa de algunas construcciones eran manifiestos públicos de poder. Incluso las estancias más personales de un palacio eran igualmente espacios de representación donde se recibía a los invitados.

Los complejos programas artísticos de muchos de estos palacios estaban destinados tanto a la propia familia como al numeroso público de sometidos, iguales o superiores que accedía (en rigurosa escala jerárquica) a su interior y exterior.

Los pensadores de la Edad Moderna desarrollaron un modelo teórico sobre el valor de la magnificencia. Por ella se defendía la relación entre riquezas y virtud frente a las tradicionales pretensiones (más teóricas que prácticas) de pobreza que solía propugnar el cristianismo medieval. Gracias a esta teoría de la magnificencia, estas construcciones suntuosas no sólo se percibían como la exhibición de la condición de un estado nobiliario, sino también como una contribución de los señores al engrandecimiento de sus territorios. Para los pensadores que escribían en defensa de la nobleza antigua, la magnificencia no debía bastar por si sola para hacer visible la nobleza. Esgrimían que no podía ser el único medio para obtener honor estable porque se sustentaba sobre algo tan voluble como las riquezas. El lujo era además un recurso que estaba al alcance de cualquier enriquecido recién llegado, independientemente de su condición jurídica. En este contexto los medios artísticos adquirían un valor especial para la representación social, La articulación y conservación de la memoria era un asunto crucial para la nobleza. El prestigio y soporte ideológico que palacios, pinturas, esculturas, tapices y joyas conferían a sus poseedores, descansaba no sólo en su valor económico y estético, sino también en el mensaje que soportaban relativo a la ideología del estamento, reforzando así, a través de su exhibición, sus señas de identidad. Los retratos ofrecían enormes posibilidades gracias a la capacidad semántica que otorgaban los posibles atributos que podían disponerse en relación con el retrato.

En el *film* podemos observar la galería de fotos familiares que la familia Bennet expone en su salón. Su vista enseña a todo aquel que entre en la residencia que son nobles y que su linaje es antiguo, y por ello ocupan un lugar en una de las habitaciones principales. En la casa palacio del señor Darcy existe un retrato familiar mucho más ostentoso, tanto por su tamaño como por la riqueza en los detalles. Todos los miembros de la familia aparecen de cuerpo entero, luciendo sus mejores galas, con una posición jerarquizada en la escena. En esta residencia es también reseñable la utilización del arte desde la entrada al mismo, no sólo por su valor estético, sino porque tal y como mencioné anteriormente, por su valor para la representación social y el prestigio independientemente del lujo al que iban asociados.

Pero incluso la exhibición de un simple paisaje o un cuadro de caza también podría convertirse en un signo de identidad nobiliaria en un determinado contexto de interpretación. Para un miembro de la *gentry* inglesa del siglo XVIII, estos objetos eran marcas de afirmación en los valores de la aristocracia rural frente a la pujante nueva clase comerciante. En otro momento y otro espacio, la representación de una batalla hubiera podido ejercer la misma función.

La nobleza insistió de forma particular en el valor de las imágenes para el reconocimiento de los valores y las virtudes nobles de la familia. La función de estos relatos visuales era doble: ofrecer una imagen pública hacia el exterior, avalando el reconocimiento social del clan y servir de referente interno, como elemento de cohesión identitaria dentro de la propia familia. Los contenidos semánticos a difundir se transmitían tanto por la iconografía como por medio de su legado intergeneracional. La primera era la forma más habitual y directa de proyección familiar de valores. En este caso los retratos jugaron un papel muy importante. La exposición de los mismos en galerías también funcionaba como una marca de nobleza, al atestiguar la existencia de antecesores que avalaban la nobleza personal y eran ejemplo para las generaciones posteriores.

Por otra parte, la permanencia de las obras de arte en las familias a lo largo del tiempo también jugó un importante papel dentro de los medios de construcción de imagen ejercitados por la nobleza. Desde el inicio de la Edad Moderna las clases dirigentes europeas, tal y como se mencionó anteriormente, habían extendido el uso de diversos mecanismos jurídicos de origen medieval, que tendían a proteger los bienes familiares privilegiando la acumulación de capitales que se ligaban a la estructura familiar sin que ninguno de sus usufructuarios pudiera venderlos. Con diferencias según países, pretendían conformar un capital económico que fuera al tiempo capital moral y fuente de identidad familiar. En este contexto de consagración de la memoria, está claro que las obras de arte podrían jugar un papel importante en el proceso. La transmisión intergeneracional de determinados objetos artísticos, que acababan por convertirse en determinadas reliquias familiares más allá de su significado iconográfico, era más que corriente. El retrato del antepasado o del rey al que éste había servido, el paisaje con el castillo familiar, una fábula mitológica de exaltación nobiliaria o la representación de una batalla, podrían cumplir la misma función que la espada o la sortija. El edificio que contenía todas estas piezas ya fuera palacio urbano, castillo o villa, también era soporte de la herencia inmaterial de los antepasados, proyección ante los descendientes y puente entre las distintas generaciones de linaje. Los edificios, ropas, retratos, armerías, bibliotecas, archivos familiares, cámaras de maravillas, esculturas, galerías de pinturas, antigüedades, o incluso servicios de mesa, podrían ser interpretados en un sentido parecido a los escudos de armas familiares que caracterizaban a la nobleza, es decir como formas de hacer visible la virtud y el linaje.

Casas palacio

La imagen social y la expresión de poder de la nobleza se hacía visible también a través de su arquitectura y sus escenografías ornamentales. El pensamiento de la Edad Moderna tenía claro que la arquitectura era una fuente de memoria, no solo porque las ruinas y las piedras ejercerían un soporte para la evocación sino también porque esa imagen investía de un destacado protagonismo en la definición de estatus social. En este sentido una residencia noble podría ser considerada demostración de nobleza en sí misma, situándose casi en el mismo plano que la documentación judicial. La casa era considerada al tiempo por sus propietarios como un espacio generador de identidad para los miembros del linaje, y un soporte escenográfico para la exhibición de poder hacia los extraños.

El lujo de las casas convertidas en auténticas mansiones se mostraba tanto en el interior como en el exterior. En las fachadas se podían contemplar desde elegantes frisos, cornisas, hasta los escudos familiares que se encajaban en algunas portadas. Posteriormente fueron apareciendo los balcones. Además, rodeaban el edificio enormes jardines con fuentes y pequeños estanques, limitados con formidables cerramientos que incluían monumentales puertas de entrada, como las que posteriormente describiré en la mansión de Mr. Darcy.

El lujo interior se reflejaba en espejos, pisos de mármol, tapices gigantescos, alfombras, cortinados dobles, frescos en los techos, vastas colecciones de pinturas, elaboradas lámparas de cristal, grandes ventanas que daban a los jardines, grandes bibliotecas...todo eso sin perder de vista el estilo francés que estaba en boga. Con relación a éste cabe destacar la escena del Film en la que la hermana del señor Bingley realiza un comentario en su desayuno con el señor Darcy, haciendo referencia a este gusto por el estilo francés. En su diálogo señala que ha recibido una carta donde se le informa que otra noble conocida por ellos ha redecorado su salón de baile al estilo francés. Inmediatamente después pregunta al señor Darcy si no le parece *"poco patriótico"* tal acción. Tal y como he comentado anteriormente el estilo francés era en ese momento histórico el más aplaudido. Francia, primera potencia, era también el centro de la cultura mundial. Comprar y traer muebles desde París para decorar tu residencia, no sólo demostraba poder y riqueza, sino que era un elemento más reservado a unos pocos que con ello cultivaban su prestigio social. Pero no hay que olvidar el enfrentamiento militar persistente entre ambas potencias, lo que también podía convertir ese gusto por lo considerado más exquisito como una actitud antipatriota. Un sentimiento parecido influye también en la composición de los jardines ingleses, pero como veremos más adelante son antagónicos a los jardines franceses.

Los inventarios de bienes muestran el enriquecimiento progresivo de los ajuares domésticos de las élites. Se constata que la formulación más primaria de la relación entre imagen pública y condición social venía ofrecida por la exhibición directa de poder a través de la admiración que suscitaban las riquezas y el lujo. Aparecen como extensión de la ornamentación con pinturas de caballete el modelo de galería de pinturas, del que se muestra gran ejemplo en la misma mansión Darcy. Se multiplicaron los muebles, algunos de ellos especialmente costosos y elaborados. Las joyas, piedras preciosas, objetos de plata, especialmente los ornamentos litúrgicos (en los países católicos) y las vajillas, podían llegar a ser de un volumen y riqueza asombrosos.

En el siglo XVIII se inicia el comercio a gran escala, especialmente en Inglaterra, que por su condición de isla potencia su armada y su comercio. Oriente es lugar escogido particularmente para el comercio y la colonización. Fue en este momento cuando la alta nobleza comenzó a rodearse de objetos traídos de aquellas lejanas tierras, vajillas, jarrones y animales exóticos que, como en el caso de los muebles franceses, eran una prueba manifiesta del poder y riqueza con la que contaba un noble. Pero sólo unos pocos eran capaces de viajar o bien traer desde tierras muy lejanas y desconocidas por muchos, objetos curiosos y en general disponer en sus residencias de un estilo oriental sólo destinado a ser disfrutado y ostentado por un grupo de privilegiados, que se afanaban en enseñar abiertamente a los demás aquellos adornos que de nuevo los dotaban de gran prestigio social. En la película que analizamos podemos observar varias muestras de lo comentado. Un ejemplo de ello es el mueble del salón principal en la casa de la familia Bennet, de estilo claramente oriental, así como algunas láminas con ilustraciones de misma estética. Reseñable también es el ave exótica que adorna uno de los salones del palacio de Lady Catherine de Bourgh y que indudablemente ha sido trasladada desde aquellas tierras exóticas, o la decoración con claras connotaciones exóticas de las paredes de la habitación donde ese recupera de su enfermedad la hermana de nuestra protagonista.

Otros objetos de alcance cultural y muestra representativa también de poder son los libros, instrumentos musicales, así como las piezas que componían en ocasiones los gabinetes de *artificialia y naturalia*. Las colecciones de curiosidades, objetos científicos, rarezas naturales, antigüedades y obras de arte eran igualmente parte de una escenografía social de magnificencia. En el despacho del señor Bennet podemos observar además de su afición por el coleccionismo que más tarde comentaremos, una surtida biblioteca para su uso exclusivo, así como otros objetos que denotan su nivel cultural y por tanto su estatus (bola del mundo, catalejo...). Los instrumentos musicales son también objetos que todo noble debe poseer en su residencia. Pianos y arpas, más o menos lujosos, adornan y acompañan las veladas de estos nobles. No debemos olvidar que fue en Inglaterra donde se inició la revolución industrial y por ende una revolución científica en todos los ámbitos, que supuso el desarrollo de ciencias como la botánica y zoología, ambas practicadas por el señor Benet que aparece en varias escenas cultivando él mismo en su despacho flores exóticas, revisando libros de botánica o disecando aves e insectos para su estudio y deleite. En el transcurso del desarrollo de estas ciencias se realizarán una serie de expediciones a distintas partes del mundo, especialmente a la zona oriental o aquellas consideradas más exóticas. Se catalogaron diferentes especies, tanto animales como vegetales, y disponer de algunas de ellas a título personal en tu propia casa era, como no, otro aspecto de diferenciación y por tanto de mayor estatus con respecto al resto, que ni tenía la posibilidad de conocer y mucho menos de ostentar en su propio palacio. En España fue famosa la conocida como *expedición Malaespina,* un viaje científico y político alrededor de todo el mundo y financiado por la corona española en la época ilustrada de Carlos III. La expedición se prolongó a lo largo del periodo entre 1789-1794. Recorrió las costas de toda América desde Buenos Aires a Alaska, las Filipinas y Marianas, Vavao, Nueva Zelanda y Australia. El 21 de septiembre de 1794 la expedición regresó a España habiendo generado un ingente patrimonio de conocimiento sobre historia natural, cartografía, etnografía, astronomía, hidrografía, medicina —todas ellas ramas de conocimiento de gran importancia geopolítica—, así como sobre los aspectos políticos, económicos y sociales de estos territorios.

Estos interiores en los que se exhiben tesoros de arte y riquezas inimaginables eran propiedad de unos amos que, mientras con una mano recaudaban diezmos e impuestos, con la otra gastaban sin tasa en los mejores artistas y decoradores. Mientras unos se apasionaban por la caza del zorro inglés o del tigre de Bengala, otros recorrían Francia y el Mediterráneo coleccionando mármoles griegos, pinturas italianas y cueros repujados de Córdoba. La historia de Gran Bretaña y las gestas de los hombres que construyeron su imperio se recuerdan en estas salas grandiosas entre vajillas de oro, bibliotecas de caoba, muebles Chippendale y cuadros de Van Dyck y Reynolds.

Toda gran casa, no solo los reyes o las autoridades eclesiásticas, tenía su maestro de ceremonias, porque conocer la posición jerárquica era algo esencial en la Edad Moderna. Igualmente, también existió la figura de los Reyes de Armas, que eran quienes identificaban a los nobles, la antigüedad del linaje y los blasones de su casa, cuyo lenguaje heráldico da claves básicas para la historia de la nobleza. Ellos determinaron el uso de los espacios, los comportamientos acordes a ese linaje y la posición que ocupaban los miembros de cada familia.

Pero esta magnificencia era un modelo compartido por distintos grupos de la élite social. Salvo por las armerías, nobles y comerciantes enriquecidos participaban de parecidos repertorios de bienes artísticos y suntuarios que componían el aparato habitual de representación doméstica. En este sentido, las pautas de comportamiento de la vieja nobleza iban a jugar un papel muy importante como manera de reafirmar su poder e influencia. Pero estas pautas no sólo venían determinadas por un sentimiento de amenaza respecto a su posición, sino que iban a dar una impronta propia a dicho grupo social a la vez que iban a servir de "modelo" a la nueva nobleza. Desde este punto de vista, la vida de sociedad tuvo una gran importancia como forma de mantener las viejas formas y perpetuar los complicados ceremoniales nobiliarios. Esas formas son claramente evidenciadas en el *film*, y suponen un elemento claro de separación entre clases. Los protocolos de actuación en los actos sociales: comidas, bailes, conversaciones…, el desarrollo de las rutinas diarias o las normas de conductas que rigen sus vidas, establecen claras diferenciaciones entre los nobles y el resto de población y entre la propia clase nobiliaria. Él número de criados y la disposición de los mismos, el espacio físico que unos u otros ocupan en los actos sociales dependiendo del privilegio del que disfrutan, o los modales adquiridos confirman su poder, su estatus.

De esta manera, si bien la nobleza permitió el acceso a su ámbito de otros sectores sociales, dígase alta burguesía, lo hizo de una manera muy controlada y vigilada, es decir, que en cierto modo puso resistencia a verse del todo sustituida por la nueva clase emergente. Así, incluso cuando la ruina amenazaba a algunas de estas familias, se hacían esfuerzos y sacrificios económicos con tal de mantener su estatus social, no renunciando a su modo de vida opulento y ostentoso. En varias ocasiones miembros de la familia Bennet hacen referencia a la existencia de una economía familiar delicada: cuando la señora Bennet solicita a su criada que pida un solomillo, *"solo uno Betsy, porque no somos ricos"*, o cuando el mismo personaje reitera el peligro del desahucio ante la dificultad de casar a sus hijas. Charlotte Lucas, la mejor amiga de la protagonista, "tengo veintisiete años, no tengo dinero ni perspectivas, ya soy un peso para mis padres y estoy asustada", también expresa con estas palabras la precaria situación económica de la familia, lo que no impide a su padre celebrar un gran baile, donde da de comer y beber a todos los invitados, e incluso invita a miembros de la alta nobleza. Igualmente, la familia Bennet dispone de criados que los atienden personalmente y realizan las tareas del hogar, una cocinera, tal como le recuerda a su primo, *"señor Collins, podemos permitirnos tener una cocinera"*, así como de ropajes variados para acudir a todos los actos sociales o dinero para poder enviar a sus hijas de viaje a la ciudad o a recorrer diferentes lugares aun residiendo en casas de otros familiares. Como se pude observar, demostrar riqueza, tu preeminencia y posición prima ante todo lo demás.

Sobre estas pautas de comportamiento de la vieja nobleza y su relación con la afirmación de su poder, vemos otro ejemplo claro en la cena con la que Lady Catherine de Bourgh agasaja al señor Collins y su esposa, Lizzy y resto de invitados distinguidos. La altivez demostrada por la anfitriona, su gesto sobrio y solemne, el respeto casi sumisión que le deben sus invitados de inferior estatus, el mantenimiento de un pormenorizado protocolo en todas sus acciones, desde las presentaciones formales, la posición en la mesa y demás normas de comportamiento sobre las que conversa con nuestra protagonista, son muestra de ello:

> —*Lady Catherine de Bourgh (a punto de sentarse en la mesa para iniciar la cena): Señor Collins, no puede sentarse junto a su esposa. Cámbiese al otro lado.*
>
> —*Lady Catherine de Bourgh (dirigiéndose a Lizzy): ¿sabe usted tocar el piano señorita Bennet?*
>
> —*Lizzy: Un poco señora, y no muy bien.*
>
> —*Lady Catherine de Bourgh: ¿Y sabe dibujar?*
>
> —*Lizzy: No, en absoluto.*
>
> —*Lady Catherine de Bourgh: ¿Y sus hermanas si saben dibujar?*
>
> —*Lizzy: Ninguna.*
>
> —*Lady Catherine de Bourgh: Que sorprendente. No habrán tenido oportunidad. Su madre debería haberlas llevado a Londres, hay excelentes maestros.*

—Lizzy: Mi madre lo hubiera hecho, pero mi padre detesta esa ciu-dad.

—Lady Catherine de Bourgh: ¿Ya no tienen institutriz?

—Lizzy: Nunca la hemos tenido.

—Lady Catherine de Bourgh: ¿No han tenido? Cinco hijas criadas en casa y sin institutriz. Nunca he oído nada igual. Su madre ha debido vivir como una esclava para educarlas.

—Lizzy: En absoluto Lady Catherine.

—Lady Catherine de Bourgh: ¿Sus hermanas pequeñas han sido pre-sentadas en sociedad?

—Lizzy: Si señora, todas.

—Lady Catherine de Bourgh: ¿Todas? ¿las cinco a la vez? Es muy inusual, y usted es la segunda. Presentarlas antes de casarse la mayor, sus hermanas pequeñas deben de ser muy jóvenes.

—Lizzy: Si, la más joven no ha cumplido los dieciséis. Sería cruel para las pequeñas no disfrutar de las distracciones mundanas porque la mayor no se haya casado. No sería bueno para la relación entre ellas.

—Lady Catherine de Bourgh: Desde luego se expresa usted con mu-cha resolución para ser tan joven. ¿Cuántos años tiene?

—Lizzy: Teniendo tres hermanas más jóvenes que yo no puede espe-rar señora que se lo diga.

Los criados también son indicadores muy llamativos del estatus al-canzado por una familia. Véase el ejemplo en la imagen posterior. La enorme riqueza de la aristocracia posibilitaba un estilo de vida brillante y caracterizado por la ostentación y el boato, que llevó a más de una familia al borde de la ruina y que fue duramente criticado por quie-nes, como Fénelon, el duque de Saint-Simon o Henri de Boulanvilliers, veían en el lujo un cáncer que iba destruyendo a la nobleza, atenta sólo a conseguir riquezas, aunque fuera mediante alianzas antinatura. Una de las manifestaciones de este estilo de vida era el mantenimiento de residencias suntuosas con un servicio doméstico numeroso. Baste citar, a título de ejemplo, las cerca de 3.000 personas que percibían salarios en los palacios del duque de Orleans en Francia; o la impresionante residencia de verano que el príncipe Nicolás Esterhazy se hizo construir, saneando previamente un terreno pantanoso, cerca de Eisenstadt (núcleo de sus posesiones), vinculada a la historia de la cultura por haber sido testigo de gran parte de la creación musical de Joseph Haydn, maestro de capilla del citado príncipe.

Las propiedades construidas por la nobleza inglesa en la campiña de Gran Bretaña durante el periodo de desarrollo y crecimiento del imperio británico (siglo XVIII-XIX) son especialmente destacables. Se trata de mansiones solariegas, vinculadas a un título hereditario y que generalmente se preservaban para su transmisión de padres a hijos. Estas mansiones son la culminación de una evolución que comenzó con los castillos medievales, se continuó en la mansión fortificada y derivó hacia un tipo de vivienda más amable, con ventanas más amplias y un mayor énfasis de su aspecto exterior. Generalmente estas mansiones modernas se inspiraban en estilos clásicos, de la antigua Roma, y más directamente de las villas palladianas del siglo XVI.

Cuatro mansiones son las representativas en la película: Villa de la familia Bennet, Netherfield Park residencia temporal de Charles Bingley, Pemberley, residencia del señor Darcy y Rosing Park, donde reside Lady Catherine de Bourgh. La trama de la película se desarrolla sobre la mitad del siglo XVIII primera del siglo XIX, momento en que el estilo neoclásico está en boga entre los miembros de la nobleza y sus construcciones lo delatan. Demuestran así que ellos tienen riqueza suficiente para seguir el estilo del momento y construir en consonancia. Pero no se construye de cualquier forma, la necesidad primordial de demostrar y ostentar poder tal y como he comentado, hacen de estos inmuebles, tanto en su interior como en sus fachadas, instrumentos clave para conseguir tal fin. Aunque las diferencias entre las mansiones de la alta nobleza y la baja son claras, no debemos olvidar que la inmensa mayoría de la población en ese momento era campesina, dependiendo su sustento de su trabajo, convirtiéndose cualquiera de estas villas en un lujo sólo alcanzable por una muy reducida minoría.

Los edificios de la alta nobleza se caracterizan por sus grandes volúmenes, fachadas monumentales, dispuestas para ser vistas desde todos sus alzados. Sus diversas plantas aparecen claramente marcadas, sus terrazas son también transitables en sus partes superiores, cuentan con torres que estilizan aún más el edificio y que avisan ya desde lejana distancia al visitante que se acerca a una mansión de un propietario digno de poseerla. Realmente esa era la idea principal, más grandiosa es mi mansión, más grande soy yo, más preciado mi linaje y por tanto de más privilegios disfruto y más respeto me debes. La villa de la familia Bennet, sin embargo, aunque cuenta con una bella y elegante fachada principal, no dispone de esa monumentalidad referida. Además, las fachadas posteriores y laterales, no diseñadas para el acceso de ningún visitante, no cuidaban su aspecto, como forma de reducir gastos en la construcción. Es por ello que el acceso a esa villa es a través de un camino estrecho, donde una hilera de árboles cercanos unos a los otros y un pequeño muro que rodea la vivienda dificultaban la visión del total de la misma ocultando así sus carencias. A diferencia de éstas al resto de villas se accedía por un camino ancho que culminaba en un espacio diáfano donde la residencia ocupaba el lugar central para poder ser admirada desde todos sus ángulos.

En sus comienzos estas mansiones eran la residencia de un propietario latifundista que obtenía sus ingresos a partir de explotaciones agrícolas y/o arrendamientos en sus terrenos. Por lo común, estos terratenientes contaban con títulos de la nobleza y eran próximos a la monarquía. Hasta principios del siglo XX, los nobles europeos (y en especial los británicos) rehusaban residir de manera habitual en núcleos urbanos, entonces insalubres y masificados, por lo cual residían la mayor parte del año en sus mansiones rurales, y siguiendo un calendario anual acudían de vez en cuando a sus casas en la capital. Tal grado de esplendor, forzosamente, se limitaba a unos pocos, aunque sí era frecuente entre estos nobles la doble residencia, urbana y rural, que posibilitaba el retiro veraniego u otoñal (a veces, para supervisar las tareas agrarias) a los que habitualmente vivían en el medio cortesano o urbano y el acceso a los entretenimientos ciudadanos a quienes residían en el medio rural (caso frecuente en la gentry inglesa, por ejemplo). Un ejemplo de ello en la película es la visita de Charles Bingley, su hermana y amigo a Netherfield Park. Como ellos mismos comentan a la señora Bennet cuando les visita en esta residencia temporal, su visita la realiza con la única intención de disfrutar de los entretenimientos del campo, aunque reconocen que la vida de sociedad es menos variada que en la ciudad. Lady Catherine de Bourgh hace comentarios acerca de la ciudad de Londres como centro cultural donde aprender música u otros talentos, siendo su enorme mansión en la campiña inglesa su residencia habitual.

Para poder solventar los costos de construir y mantener una residencia amplia y con la sofisticación que requería la pertenencia a la aristocracia, era menester que la actividad económica del campo tuviera un volumen mínimo. Típicamente la propiedad debía contar con una superficie de por lo menos 4 km². Dado que la riqueza de los propietarios podía fluctuar entre el valor mínimo y unas cien veces el mínimo, este hecho se reflejará en el tamaño, comodidades y sofisticación de las casas de campo construidas.

El apogeo de estas mansiones en la campiña británica declinó en paralelo a su principal fuente de ingresos, las explotaciones agrarias, mayormente por dos razones: el advenimiento de la revolución industrial durante el siglo XIX atrajo mucha mano de obra a las ciudades, despoblando aldeas y granjas; y una grave crisis afectó al sector agrario a partir de la década de 1870, debido a la competencia de cereales y demás productos importados del extranjero. Muchas mansiones fueron abandonadas y demolidas, reaprovechándose sus enseres y materiales para otros domicilios, y las restantes tuvieron que adaptarse a un nuevo contexto económico y social. Otras actividades comerciales en el siglo XX, como las inversiones en bolsa y bienes inmobiliarios, fueron restando protagonismo a la actividad agrícola como condición necesaria para poseer una casa de campo; y con ello, el requerimiento sobre el tamaño de tierra necesario para mantener una propiedad. Pero los reveses económicos, y el cambio de los usos sociales, han ido dificultando el sostenimiento de mansiones tan grandes, que generan gastos anuales muy elevados. En el Reino Unido, muchas de estas mansiones se han ido desprendiendo de sus bienes más preciados, como obras de arte, y/o han recurrido a enfoques más modernos, explotando sus atractivos en el turismo y el alquiler de espacios.

El jardín inglés, de características definidas, es otro elemento determinante para investir de lujo y majestuosidad a estas mansiones que, como se ha referido, son imagen de poder para sus poseedores. Este jardín nace en contraposición al jardín francés, cuyo artificio y ostentosidad no representaba la estética y filosofía apoyados por los arquitectos ingleses del momento, caracterizándose el inglés por dejar que la naturaleza siga su curso.

El entorno que crea se genera con la intención de ofrecer un paisaje natural y exótico, evitando en la mayor medida la deformación por parte de la acción humana. Es por ello que en este tipo de espacios verdes la geometría no está contemplada, ya que se potencia que las laderas, colinas, plantas, estructuras arbustivas y árboles crezcan a su libre albedrío, sin encorsetarse a modelos tradicionales. De hecho, es inusual observar líneas rectas en los jardines ingleses. Los arietes y macizos dan paso a sutiles praderas que posteriormente concluyen en bosquecillos irregulares. Todos estos elementos son surcados por serpenteantes caminos que unen los diferentes espacios del entorno.

Mas allá de la belleza, los jardines ingleses suponían una ruptura con los ideales políticos franceses representados a la perfección en los jardines del Palacio de Versalles: absolutismo, poder autoritario y ostentación. Constituían pues una manifestación aplicada a las artes de la política antifrancesa contraria al absolutismo que imperaba en ese país. Su disposición irregular, opuesta al orden del «jardín francés», lo encaja como un símbolo de la libertad frente al yugo de ese jardín galo, que encontró necesariamente un eco en la Revolución francesa. La negación de la simetría se vinculaba entonces con una negación de los códigos.

Se volvió el símbolo de la emancipación frente a la monarquía absoluta y sus representantes.

Los elementos característicos de los jardines ingleses son, entre otros, los siguientes:

- Cenadores, estatuas, fuentes y bebederos para pájaros.

- Cúmulos de agua como estanques o lagos que contienen, con frecuencia, muelles o puentes.

- Edificaciones diversas como castillos o falsas ruinas y otro tipo de naves de estilo romano o chino. Los templos clásicos en mármol son caprichos que simbolizan las experiencias viajeras de sus creadores, el contacto con la naturaleza a través de lo grandioso.
- Espacios irregulares.
- Caminos zigzagueantes.
- Vegetación variada y de crecimiento aparentemente espontáneo, no domesticada.
- Conservación de los accidentes del terreno tales como laderas y colinas para incrementar la sensación de naturalidad.
- Presencia abundante de arbustos y malezas. Las formas y colores de la vegetación son variadas.
- La sorpresa y el descubrimiento son características importantes en este tipo de jardín, por ello los itinerarios no son señalados, y no suelen existir grandes avenidas rectilíneas que guíen los pasos del paseante, sino más bien una clase de "vagabundeo poético".

Este nuevo estilo de diseño recibió influencias, en el terreno literario, de los clásicos Virgilio y Ovidio y, en la pintura, de la escuela romana de paisajistas del siglo XVII, que representaban paisajes de la Antigüedad, ricos en incidentes pintorescos. Los proyectistas de jardines ingleses trataron de evocar, en sus creaciones, los efectos pintorescos de la visión italiana y recrear un ambiente nostálgico e idílico. Pero los diseños de jardines ingleses no eran desde luego reservas naturales y salvajes como las que actualmente se conservan en la naturaleza, sino que eran, también a su manera, tan artificiales y sofisticados como sus precedentes franceses.

En la película son numerosas las imágenes que nos muestran jardines con las características antes citadas. Es destacable el pequeño templete donde Mr. Darcy le confiesa su amor a Elisabeth, ornamento romántico en un espacio que a nuestros ojos es imposible definir como jardín, pero que cumple con todas las características antes descritas. O la imagen de un grandioso jardín enrocado en plena naturaleza y que la protagonista contempla desde una ventana de Pemberley. Lagos artificiales, vegetación variada, lagunas y laderas, y sobre todo esa sensación de naturalidad en lo que en realidad se proyecta y elabora con sumo cuidado son cualidades distinguibles en estos fotogramas. En estos jardines además sus privilegiados propietarios podían disfrutar de diversas actividades de ocio, como eran los paseos a caballo, la caza, la pesca... El mismo señor Darcy invita el tío de Lizzy a pescar en su lago que recuerda está muy bien surtido, sintiéndose éste manifiestamente honrado ante tal regalo.

Arte y cultura

El Coleccionismo es una cualidad humana vinculada al reconocimiento de la especie, al fortalecimiento de la memoria colectiva e individual. Los objetos, esqueletos de la sociedad, son testimonios de las sociedades que nos precedieron en el tiempo, conservarlos y difundirlos era misión primero de las galerías de arte privadas y posteriormente de los museos. Muchos hallazgos habidos se perdieron o dispersaron. Quedan noticias en libros o documentos, pero no fue hasta los siglos XVIII y XIX cuando los objetos comenzaron a ser recogidos y custodiados.

El coleccionismo que practicaba la nobleza dentro de sus casas palacio se convertiría en precursor del nacimiento de los futuros museos. Música, literatura, pintura e incluso ciencia eran áreas acotadas exclusivamente para estas clases privilegiadas, que se convertían a su vez en otro instrumento utilizado por las mismas para hacer ostentación de su riqueza para adquirir y poder para mostrar.

Si bien la iconografía era el medio más adecuado para la articulación de significados convenientes que pudieran comunicar de una forma más ajustada los contenidos ideológicos de un estamento, la apreciación del estilo fue ganando progresivamente terreno como un medio de distinción social en sí mismo. El uso de las obras de arte para la transmisión de mensajes a través de programas simbólicos relacionados con las señales de la nobleza fue una constante durante toda la Edad Moderna. A partir de la segunda mitad del siglo XVII, con la generalización de la galería de pinturas como elemento fundamental del aparato doméstico cortesano y nobiliario, fue afianzándose de forma progresiva la idea de que la posesión de obras de arte, la familiaridad con el campo teórico artístico, y el reconocimiento de sus valores podían funcionar también como una marca de nobleza. Los contenidos iconográficos son los que mayor precisión otorgaban a la distinción. Estos siempre eran más seguros como evidencia de la bondad del linaje y garantizaban mejor la reproducción de los valores nobiliarios. En ocasiones el gusto artístico podía aparecer no como una virtud adquirida, sino innata, que era una situación más propia de la nobleza.

Pero el reconocimiento y aprecio de las Bellas Artes podía también ser utilizado por individuos en ascenso, porque éste no dependía exclusivamente de la riqueza, como ocurría con la ostentación del lujo, y además tenía una naturaleza cultural que permitía igualmente una cierta transmisión de valores ideológicos. El protagonismo de la nobleza en la intensificación de las relaciones internacionales que se experimentó en la Edad Moderna puso a las distintas élites nacionales en un marco de intercambios políticos, sociales y culturales que tomó el lenguaje del humanismo como uno de sus medios comunes fundamentales. El trato con humanistas, anticuarios y artistas, y la compra de obras de arte, antigüedades y libros eran parte de las actividades que la nueva sociedad educada esperaba de cualquier noble de las capitales europeas. Las obras de arte se fueron convirtiendo en uno de los bienes de intercambio diplomático básico, y los tópicos de la teoría del arte en uno de los temas habituales de la literatura y la conversación noble. El arquetipo final de este modelo puede encontrarse en la generalización del *Grand Tour* como proceso educativo básico de la nobleza europea, y especialmente británica de los siglos XVIII y XIX. Al igual que la gran nobleza había internacionalizado históricamente a sus vástagos enviándoles como pajes en otras cortes nacionales, en este momento se hizo habitual completar su formación con un largo viaje en el que recorrían el continente siendo acompañados de un preceptor y demorándose con especial atención en Italia. Entre otras cosas, en este itinerario se esperaba que adquiriesen familiaridad con los restos de la cultura clásica y las obras de los grandes maestros de la Edad Moderna.

Tras la Revolución Gloriosa, Inglaterra ganó en estabilidad, y se puso de moda viajar al continente para visitar territorios como Italia, hasta entonces lejanos a Inglaterra. La publicación de multitud de guías y la revalorización del arte clásico y del renacentista en detrimento del barroco, hizo que a partir de 1730 la costumbre de realizar un *Grand Tour* formativo estuviera plenamente arraigada entre las clases altas inglesas.

Paralelamente, surgió una moda parecida en otras naciones de Europa como Alemania o los Países Bajos; en las naciones católicas, los *grands tours* se reservaban a los círculos ilustrados más selectos, pero la costumbre de hacerlo no estaba tan extendida.

A modo de recuerdos que los viajeros se llevaban a su regreso, se pusieron de moda las vistas de Venecia y Roma, de pintores como Canaletto y Giovanni Paolo Pannini, así como los grabados de ruinas romanas de Piranesi. Estas obras, junto con vestigios arqueológicos y demás objetos antiguos, se incluían en el equipaje de los jóvenes británicos y una vez en su país, incidieron en la evolución del arte inglés, tanto en la pintura como en la arquitectura y las artes decorativas de los siglos XVIII y XIX. La labor del alemán Winckelmann fue igualmente importante, al conseguir exportar un nuevo purismo en cuanto a la decoración y las formas arquitectónicas, que debían imitar de manera más exacta y sobria que el barroco los hallazgos en las ruinas italianas; esto se tradujo en la popularización del estilo neoclásico.

Después de las escenas bíblicas de postal de Navidad y las interminables vistas de Venecia y Roma, las imágenes más significativas del Grand Tour son sin duda los retratos que Pompeo Batoni hizo de los propios turistas. Batoni empezó como pintor de escenas clásicas, pero en seguida vio que era más lucrativo pintar retratos de los jóvenes aristócratas que deseaban alardear de su erudición y sus adquisiciones. En el siglo XVIII, Londres era una ciudad próspera y vibrante gracias a un aumento en el comercio internacional y a un interés floreciente en el arte y la literatura.

La sinergia entre estatus social y reconocimiento de las artes se evidencia en obras como el doble retrato del noble inglés Sir Endymion Porter y el pintor Van Dyck. En principio, la iconografía recuerda al modelo clásico del retrato de amistad, y no parece tener una gran significación pública, aunque en realidad ambos retratados podían hacer una lectura social del mismo. El pintor, que había retratado a la nobleza de media Europa, terminó finalmente por instalarse en la corte inglesa, donde la corona acabó por agradecer sus servicios prestados con la concesión de un reconocimiento de nobleza. Su aparición casi en un plano de igualdad con un noble de cuna era una buena muestra de este estatuto. Por su parte, Sir Endymion, que era un cultivado personaje de la corte de Carlos I de Inglaterra, se situaba mediante este retrato en el mismo plano que todos los grandes personajes de la antigüedad que eran frecuentemente colocados como ejemplo del aprecio que podría prestarse a los artistas y en especial a los retratistas. Por esos mismos años algo parecido, aunque en otra escala, obtenía Velázquez al permitir Felipe IV que el pintor se incluyera a sí mismo en el retrato real de "Las Meninas". El reconocimiento que habían obtenido estos pintores convertía a sus pinturas en un objeto codiciado, que otorgaba un valor añadido a la posesión de un retrato ejecutado por ellos. Y además, la autoría de estos retratos también ofrecía una cierta afirmación de pertenencia a un estamento noble internacional. Un noble retratado por alguno de estos artistas reconocidos podía interpretar que pertenecía al mismo selecto club que el papa Paulo III, Felipe IV o Carlos I de Inglaterra entre muchos otros. En esta línea, la posesión de pinturas de los grandes maestros internacionales también se convertía en un asunto de prestigio. En este sentido, las galerías de pinturas podían ser consideradas marca de la nobleza particular de una familia.

En la mansión de Pemberley Lizzy y sus tíos pueden visitar la galería de arte propiedad exclusiva del noble. Tal y como se hace alusión en la película ésta se encuentra abierta al público, lógicamente de un determinado estatus social, que indudablemente dará fe posteriormente en su entorno de las riquezas y suntuosidad de las que dispone su dueño. Una imagen corroborada por ellos en primera persona pero que con igual fuerza será impresa en el imaginario colectivo del resto a través de esa transmisión de información. También personas con mayor formación artística darán buena cuenta de los tesoros allí expuestos, por lo que el propietario cuida con esmero sus obras reflejo de su propia imagen. Desde la entrada principal de la casa comienza ya el deleite de los sentidos. Las bóvedas y los techos están pintados al fresco con una calidad técnica más que aceptable, tal y como ocurría en todas las paredes del grandioso salón de Lady Catherine de Bourgh. Debieron ser pintores de reconocido prestigio los que realizaron tal obra, nacionales o extranjeros, no importaba el gasto que su traslado y mantenimiento comportaba, sólo disponer de lo mejor. La capacidad del propietario que contaba con tales frescos ere indudablemente sólida. Todas las paredes se encuentran además decoradas con distintos tipos de esculturas, relieves y frescos, todo ello bajo el influjo de la impronta del estilo neoclásico predominante en la época que analizamos. Barandillas y balaustradas del edificio también cuentan con esta decoración, así como las obras de la galería de arte propiamente dicha. Esculturas, bustos, relieves con motivos provenientes del mundo clásico atrapan a Lizzy y su familia que muestran su perplejidad ante la belleza de lo que ven, y recorren la estancia admirando obras de arte que no sólo son inalcanzables de poseer para la gran mayoría, sino que tampoco están disponibles para su visita en ningún lugar público, haciendo su acceso y contemplación aún más restringido.

La progresiva valoración de los bienes artísticos con independencia de sus contenidos semánticos condujo a que las colecciones nobiliarias comenzaran a abrirse a un público de entendidos, quienes acudían a visitarlas movidos por un interés cada vez más estético. En cierta medida, esta apreciación estética del arte se extendió por todo el continente de la mano de la difusión de la teoría del arte humanista, y así en Italia se encuentran ejemplos más tempranos que en otros países. En un principio estos visitantes eran artistas deseosos de estudiar a los maestros, así como poetas y eruditos interesados por las relaciones entre las artes. Pero, como nos muestran los mismos diarios y testimonios viajeros, poco a poco fue generándose un primer turismo artístico que tenía como destino las principales galerías nobiliarias europeas. Con el tiempo, incluso comenzaron a editarse catálogos impresos de estas colecciones. Esto permitía multiplicar la difusión del binomio que formaban las obras y el nombre de su poseedor.

Las casas nobles sabían que su linaje debía ser celebrado con la imagen para construir así la historia de la familia y de sus héroes. Y para lograr tales cotas de eficacia en el manejo de la imagen al servicio del poder, los artistas debían tener una formación que justificara su inclusión como artistas en la corte y las familias nobles. Muchos de estos artistas fueron verdaderos expertos de la cultura anticuaria, exigida además en siglos atrás cuanto mas cerca del poder trabajaban, de lo cual nos hablan no sólo sus casas, los círculos en que se movieron, o sus hábitos de vida, sino también sus bibliotecas. Además, si a los artistas se les exigía la excelencia en su capacidad creadora, en sus conocimientos y en su técnica, también es cierto que para atraerlos había que darles unas buenas condiciones de vida y la posibilidad de enriquecerse.

Si entre los signos de distinción y poderío de la nobleza estuvo la posesión de galerías pictóricas, lógico es que se disputaban las primeras firmas o las escuelas más afamadas. El afán por el coleccionismo, el mecenazgo y la rivalidad en la categoría de las pinacotecas hicieron del mercado del arte en general y de la pintura en particular un motivo de estímulo para los artistas, un negocio para los intermediarios y una satisfacción personal para los propietarios de los cuadros, que, en general, transmitieron de generación a generación, salvo excepciones de disolución del patrimonio, venta interesada o desprendimiento de obras para cubrir otras necesidades.

Coleccionismo

No toda reunión de objetos artísticos es, automáticamente, una colección artística. Aunque bien es cierto que aquello que realmente definía lo que era una colección no era tanto el repertorio de bienes presentes, como la relación que sus propietarios sostienen con ellos. La historiografía más reciente señala que la piedra de toque del coleccionismo artístico estaría en la presencia de una percepción cultural y una valoración formal de los objetos, de un gusto por ellos. La transformación del uso de los objetos convierte a los mismos en materia para la elaboración de un discurso narrativo, estético e ideológico, que supera la existencia física.

Colección es un término nacido en Inglaterra en el siglo XVII para designar conjuntos de objetos vegetales que, para ser reunidos, habían debido ser recolectados previamente.

Poseer, recopilar, acumular, mostrar y compartir. Los verbos que incluyen la historia del coleccionismo nos hablan de una actividad que el hombre ha desarrollado como producto de amasar poder y riqueza, en donde combina el acto de coleccionar con el fin de mostrar lo acumulado. El almacenar objetos bellos o enigmáticos se refiere a lo que conocemos hoy como coleccionismo, una empresa que comenzó con gran éxito a partir del Renacimiento italiano, en el siglo XV. El hombre se situó el centro de la realidad y los humanistas lograron visualizar un mundo capaz de admiración acercándose a las artes para proyectar sus habilidades e inspiración. Surgieron los mecenas y patronos, quienes invitaban a sus palacios a los más renombrados artistas de la época. Hubo personajes como Lorenzo de Medici, quien se dio a conocer por su asombrosa colección de escultura, pintura, manuscritos e inclusive animales exóticos.

Sin embargo, no podemos asegurar que esta añoranza de posesión, este perpetuo acumular empezó en ese momento. Existen noticias de la famosa biblioteca de Alejandría fundada por Tolomeo en el año 280 AC, como acervo maravilloso de manuscritos y como centro de estudio.

Otros fueron seguramente ejemplos hoy perdidos, en donde se acumulaban los anales del saber.

Mostrar poderío, es la principal característica de estas colecciones, pero no debemos dejar de lado que el enriquecer el espíritu se convierte, a partir del renacimiento, parte integral de la vida cotidiana de los nobles. En esa época, el ahínco por rodearse de objetos bellos se entremezcla con el ir y venir del tiempo. El Papa Julio II se deleita con pinturas de Raphael, Francisco I lleva a sus aposentos el cuadro de la Monalisa, mientras que Enrique VIII hace a Holbein pintar su retrato.

Afán de lucirse enfrente de invitados se entremezcla pues con una ambición de conocimiento y de curiosidad innata al ser humano. El preservar la memoria común va a venir después, cuando los eruditos y hombres de ciencia se interesan por lo otro. La apertura a otros mundos, la capacidad de viajar y de observar sitios lejanos permiten que comerciantes al mismo tiempo que estudiosos formen colecciones con una diversidad de objetos inaudita. Desde entonces especímenes enmarcados dentro de la biología, armaduras rudimentarias de otras civilizaciones, hasta animales disecados, comienzan a proliferar en los gabinetes de curiosidades, que presentan ante el invitado un teatro de lo estrafalario que permite la fantasía y al mismo tiempo el estudio.

El señor Bennet es un noble que disfruta con esta actividad de coleccionar objetos. Se nos presenta en la película casi siempre ubicado en su sala particular dedicado al deleite de su colección de insectos, aves o al cuidado de una sola planta, que por la atención que recibe del señor no debe ser usual por esas tierras. No debemos olvidar que no existe aquí actividad laboral ninguna, sólo gasto para conseguir aquello que es diferente y todo el tiempo ocioso para contemplarlo y estudiarlo. Objetos peculiares en esta habitación nos indican que su propietario posee un gusto especial por la observación, estudio y recopilación: lupas, pipetas, semillas, un matraz ...no eran instrumentos de uso cotidiano en un hogar. Con esta colección privada el señor Bennet expresa igualmente un afán de poseer y acumular objetos de valor, para satisfacer el prestigio social, la curiosidad, la admiración, la sorpresa por lo raro o misterioso o la obtención de piezas únicas que confirman su diferenciación con los demás y su elevada posición en la jerarquía de la sociedad del momento.

Los Gabinetes de Curiosidades o Cuartos de Maravillas (conocidos como Cabinets of Curiosities o Wonder Chambers en Inglaterra) son los precursores de los actuales museos de hoy en día, que durante los siglos XVI y XVII mostraban a los curiosos europeos objetos extraños y nuevos hallazgos procedentes de las exploraciones en otros continentes. Estos gabinetes eran colecciones de objetos raros y fascinantes que iban de piezas arqueológicas y artísticas a semillas, fósiles, huesos, armas, piedras, animales y plantas. En un principio, un gabinete era sencillamente un mueble donde se guardaban objetos pequeños, pero preciados. A fines del siglo XV y durante el XVI esta palabra adquiere su segunda acepción, aplicándose a salas generalmente de pequeñas proporciones donde se depositaban piezas raras y valiosas. Según las definiciones de la época, un gabinete era una cámara o varias recámaras donde los privilegiados coleccionistas solían retirarse a contemplar y analizar los preciados objetos de su propiedad. Los gabinetes eran una especie de santuarios privados reservados para el dueño y sus más cercanas amistades, aunque la mayor de las veces prohibidos a las mujeres de la casa, que sólo podían acceder a él para su cuidado y limpieza. En los gabinetes se entremezclaba lo bello, lo valioso, lo raro y lo exótico. Entre los objetos que se encontraban cosas tan disímiles como los bezoares (concreciones calcáreas formadas en el estómago de los rumiantes), fósiles, pieles, animales disecados, fenómenos de la naturaleza, plumas y huevos de diferentes aves, reliquias, etcétera. La sala descrita anteriormente en la casa de la familia Bennet cumple muchas de estas características. De hecho, ninguna de sus hijas entra a la misma salvo que su padre se lo permita en el contexto de una conversación privada. Es patente el uso exclusivo de la misma por parte del patriarca de la familia.

Los Gabinetes de Curiosidades o Cuartos de Maravillas (conocidos como Cabinets of Curiosities o Wonder Chambers en Inglaterra) son los precursores de los actuales museos de hoy en día, que durante los siglos XVI y XVII mostraban a los curiosos europeos objetos extraños y nuevos hallazgos procedentes de las exploraciones en otros continentes. Tuvieron un papel fundamental en el desarrollo de la ciencia moderna, reuniendo las primeras colecciones de fósiles y bichos, aunque el folclore también era parte importante y no era raro encontrar cosas como sangre de dragón o cuernos de unicornio. Los objetos se exhibían en cuartos saturados de rarezas, con poca luz y aspecto lúgubre, donde no había audioguías ni paneles interactivos. La imaginación de los visitantes se encargaba de identificar el significado y procedencia de cada artilugio.

Los cuartos de maravillas desaparecieron durante los siglos XVIII y XIX y los objetos considerados más interesantes fueron reubicados en los museos de arte y de historia natural que se comenzaban a crear.

En lo que respecta a la formación de una pinacoteca, solía ser por la compra directa a los pintores y en las almonedas, que, como es bien conocido, se realizaban para poder pagar las deudas contraídas, aunque en algunas ocasiones, los sucesores podían adquirir las obras por el precio de tasación. No obstante, en muchas ocasiones se dispersaban las colecciones pictóricas que, quizás con mucho esfuerzo, se había logrado reunir: por regalos, inversión, gusto artístico, encargos de ciertos cuadros de los familiares directos y, por supuesto, por la acumulación de pinturas a lo largo de varias generaciones, sobre todo a partir de los siglos XVI y XVII. Por lo que, en definitiva, una pinacoteca puede considerarse como un testimonio muy personal de sus poseedores. En muchos casos, además del mecenazgo tradicional por parte de la Corte, existía una la tendencia europea, que también se dio en nuestro país, en la que a partir del siglo XVIII las colecciones reales sirviesen para crear los museos públicos, incluyendo aquí los coleccionistas de la clase nobiliaria, la Iglesia y algunos particulares, siendo importante la proliferación de las Academias, como resultado del interés artístico.

Los Tudor fueron de los primeros en utilizar el poder del arte para servir a la corona y a la aristocracia. El coleccionismo inglés tuvo a Enrique VII (1457-1509) como uno de sus primeros artífices. Mientras sus súbditos sufrían fuera de las murallas de palacio, él se dedicaba a cultivar su imagen, disfrutaba de los deleites de maestro de celebraciones y de los halagos del pintor de la corte y sentía la necesidad de promover su imagen no solo encargando retratos sino también expandiendo su colección. El placer por el arte y su pasión por el coleccionismo fueron heredados por su hijo y sucesor, Enrique VIII (1491-1547), y por el cardenal Thomas Wolsey.

Wolsey era hijo de un carnicero, y quizás fueron sus humildes orígenes lo que lo llevó a gastar tan generosamente su riqueza: sus capillas estaban cubiertas con pan de oro, sus recámaras con tapices y sus mantos con pieles. Esta ostentación la heredó el joven Enrique, que ejerció el mecenazgo encargando pinturas y obras de arte a pintores y a maestros artesanos de Italia, Francia y Flandes, lo que llevó a Hans Holbein a la corte de Inglaterra. En 1536, Holbein fue nombrado pintor oficial de Enrique VIII. Sin duda alguna, el hecho de merecer la confianza del rey atrajo el interés de muchos nobles, que para sus retratos también querían contar con su firma. Esta demanda de retratos muestra cómo la actitud inglesa respecto al arte había cambiado, puesto que el arte del retrato se convirtió en la base del recién establecido gusto inglés.

Su hija Isabel I (1533-1603), sin embargo, no perpetuó esta tendencia creada por sus antecesores. Su contribución a la cultura inglesa del coleccionismo tuvo que ver con la construcción y decoración de casas de campo. Quería ser recibida en palacios, y alentaba a sus cortesanos a que los construyeran para satisfacer sus deseos. Estas nuevas edificaciones debían decorarse con el más selecto mobiliario y, naturalmente, con grandes obras de arte. Así fue como toda la nobleza inglesa adquirió el gusto por coleccionar: de esa época destaca principalmente la Casa Burghley, un palacio rural diseñado por Sir William Cecil situado cerca de la población de Stamford.

La Casa Burghley es un fascinante ejemplo de la condensación de varios estilos arquitectónicos europeos en una casa de campo inglesa. Cuando Sir William Cecil empezó a trabajar en ella, en 1555, la arquitectura inglesa estaba influenciada por los modelos de Italia, los Países Bajos y Francia. La amalgama de estos estilos representa la actitud de aquel momento respecto al coleccionismo, es decir, la atracción de la aristocracia por bellas obras de diversas partes del mundo. En los siglos XVII y XVIII, el gusto inglés por adquirir culminó en el Grand Tour. La aristocracia británica, cultivada con una dieta de clásicos, se veía a sí misma como sucesora del senado romano, custodio de una era dorada de arte y conocimiento.

Uno de los coleccionistas más influyentes de la época fue John Cecil, quinto conde de Exeter, cuya colección puede visitarse hoy en la antes mencionada Casa Burghley. Cecil visitó Roma, Lucca, Padua, Bolonia, Venecia, Génova y Florencia, donde el duque Cosimo III le regaló un magnífico armario de ébano con *pietra* dura hecho en los talleres ducales y donde, por otro lado, compró El rapto de Europa y La muerte de Séneca, de Luca Giordano, al que encargó trece obras más. De vuelta a Inglaterra, encomendó a Antonio Verrio la decoración de una serie de habitaciones en Burghley, entre las cuales se encuentra el Salón del Cielo, una visión de la mitología clásica. La imaginería elegida por Cecil muestra un deseo de usar el coleccionismo como medio de elevar tanto el espíritu como el estatus.

En el siglo XVIII nadie representa mejor la corriente coleccionista que Sir Robert Walpole, Primer Ministro de Gran Bretaña e impulsor de la construcción de Houghton Hall, que no solo es una de las casas de campo más selectas de Gran Bretaña sino que se distingue por haber sido diseñada y construida como marco de una colección de arte que incluía obras de maestros clásicos como Rubens, Poussin, Rembrandt y Velázquez.

Walpole, que había hecho el *Gran Tour* entre 1739 y 1741, se hizo un nombre como coleccionista por derecho propio, además de ser conocido por ser el arquitecto de Strawberry Hill, una obra maestra neogótica que él describió como «una casita carpichosa [...] construida para complacer mi propio gusto y, en cierta medida, descubrir mis propias pasiones». Walpole estaba interesado en la era de los Tudor y en las cortes jacobinas y se deleitaba en ser el último de una larga lista de coleccionistas ingleses. Con su imprenta privada, se aseguró de que tanto la colección de su padre como la suya quedase documentada para la posteridad junto con una historia de la pintura en Inglaterra, una descripción a lo Vasari de artistas destacados que hoy en día sigue siendo la base de la historia del arte en tierras inglesas.

Además, Walpole fue un gran mecenas de Carlo Maratta, a cuyas obras dedicó una sala entera de Houghton Hall. Por otra parte, su pasión por el barroco lo distinguió de las colecciones formales de otros grandes patrimonios y atrajo la atención de diplomáticos y representantes de cortes extranjeras mucho después de su muerte, en 1745. Entre esos representantes estaba el embajador ruso Alexei Musin-Pushkin, que informó a Catalina la Grande de la intención del hijo de Walpole, Horace Walpole, de vender la colección. Dicha oferta de venta causó un gran debate en la época. Los miembros del parlamento británico urgieron al gobierno a salvar las pinturas para las colecciones del propio país, solicitud que no fue tomada en consideración, pues 40.550 libras esterlinas, si bien era una suma insignificante para Catalina la Grande, era una cantidad excesiva para la nación. Una vez instalada en el Hermitage, la colección atrajo a tantos visitantes que en 1830 fue abierta al público. Sus pinturas todavía permanecen colgadas allí. La compra de la colección fue un triunfo para Catalina, pero una gran pérdida para Inglaterra y particularmente para Horace Walpole.

En el siglo XVIII, la pasión por el coleccionismo de arte no disminuyó. La aparición de las casas de subastas —como Christie's en 1766—, significó la posibilidad de reunir una colección de nivel mundial sin tener que salir de Gran Bretaña. Eran unos tiempos en los que no existían los grandes museos de hoy en día, así que Christie's se convirtió en un lugar donde el público acudía a ver obras de arte sin por ello tener la obligación de pujar o de pagar entrada.

A lo largo de los años, el coleccionista inglés ha tenido la voluntad de preservar el arte para que futuras generaciones pudieran disfrutarlo. Es el caso de Sir John Soane, arquitecto y coleccionista apasionado de todo lo clásico; y también de Samuel Courtauld y del vizconde Lee of Fareham, fundadores de la Courtlaud Gallery de Londres. Gracias al fondo que Courtlaud estableció en la National Gallery para la adquisición de pintura moderna, la institución consiguió obras tan relevantes como Los girasoles de Van Gogh y Bañistas en Asnières de Seurat.

En la actualidad, Gran Bretaña sigue teniendo importantes coleccionistas, herederos de la tradición inglesa: el príncipe de Gales, por ejemplo, es un ejemplo de coleccionista contemporáneo que da nueva vida a una colección histórica. Por otro lado, las casas de campo que Isabel I puso de moda siguen siendo hoy en día grandes contenedores de colecciones de arte. Un ejemplo de ello es Waddesdon Manor, sede de la colección Rothschild.

Retratos

El retrato ha sido considerado también imagen primigenia y expresión básica de poder, y la contemplación del mismo, así como el propio encargo estaba afectado por el marco teórico que guiaba su interpretación. La propia existencia de la pintura, su tema, la consideración simbólica del aparato representado, blasones, armas, vestidos, joyas y otros ajuares, su inclusión en una galería, y la posición de ésta en el espacio que la acogía, todos estos elementos eran indudablemente leídos desde unos códigos particulares de interpretación. El retrato pues estaba siempre ligado a una exhibición de poder.

En el norte de Europa, el retrato tuvo una trayectoria notable. En Flandes se configuró una traducción propia que combinó el uso del óleo con el interés por el realismo y el detalle en las representaciones. En un mundo todavía muy escaso en imágenes artificiales, la movilidad y las posibilidades de difusión de estos retratos mediante, copias, estampas y medallas los convertían en pieza clave de muchos procesos diplomáticos. Ejemplo de ello es la campaña de imagen de Maximiliano de Austria (1459-1519). Las imágenes eran fundamentales antes de los enlaces matrimoniales, como una muestra del aspecto físico de los prometidos que se hacía necesaria para concertar los esponsales. Los Reyes Católicos tuvieron que importar pintores especialistas en retratos para poder responder a las necesidades que tenía la corona española en ese campo. Y lo mismo ocurría con otro género de alianzas políticas. El retrato de miniatura inglés nació con la llegada a Londres de dos pequeños retratos de los hijos de Francisco I, que éste envió como regalo tras el giro pro-francés de la política exterior inglesa posterior a la batalla de Pavía (1525).

Los retratos eran por definición asunto reservado a las élites, pero la imitación social hizo que se extendieran, y aunque esto nunca fue habitual, se llegó a extremos como el conocido retrato de un sastre en pleno ejercicio de su profesión que ejecutó Giovanni Battista Moroni (1520-1578). Ejemplos como este recibieron no pocas críticas de los intelectuales del momento. El retrato debía ser un signo público, reflejo de grandes personajes que sirvieran como modelo colectivo. Se temía además que una posible democratización del género acabase con su utilidad para la representación de poder.

En los retratos la efigie se acompañaba frecuentemente con atributos iconográficos que completaban el mensaje, normalmente dirigidos a hacer evidentes las bases de su autoridad. Estas imágenes se convertían en un sistema de signos donde se entremezclaban las imágenes reales de los retratados, las convenciones sobre la imagen artística, las tradiciones sobre la imagen del poder y la presencia de atributos simbólicos. Más allá del significado que pudieran adquirir en cualquier retrato unas armas, unos libros, las ropas, un reloj o una columna en el fondo, la propia composición del retrato, la formalidad de la pose, el gesto, y la misma fisionomía eran objeto de proposición e interpretación de mensajes. En este sentido la cabeza, como centro del retrato, era el primer elemento semántico que había de ser tenido en cuenta. Aunque la teoría fisonómica no tuvo un corpus teórico articulado hasta los siglos XVII y XVIII, ya desde el siglo XVI existía plena conciencia de las posibilidades expresivas de los rasgos y gestos del semblante, así como de las implicaciones que éste tenía en la representación pública. Aunque la particularización y la articulación significativa de los rostros no se abandonara en toda la Edad Moderna, la construcción semántica de los retratos de poder tuvo diversas etapas en las que distintos atributos y tipologías compositivas fueron alternando protagonismo. El retrato, tanto en su configuración general como en los signos particulares que iba incorporando, fue generando diversos modelos de lectura que dependían de los horizontes de interpretación de sus productores y de la audiencia para la que estaban destinados. Por otra parte, también hay que tener en cuenta que hoy, desde la distancia cultural que nos separa, es complicado en ocasiones poder afinar la interpretación de los contenidos.

Progresivamente fue configurándose un nuevo paradigma de retrato cortesano que, sin prescindir del símbolo, centraba los contenidos políticos en la representación de la majestad. El conocido busto de Luis

XIV por Bernini (1665), casi ausente de atributos significativos, focalizaba su capacidad representativa en la propia fisonomía del retratado y la composición. Durante su realización el escultor afirmaba que el secreto de cualquier retrato era aumentar la belleza, dotarle de grandiosidad, disminuir aquello que fuera feo, o incluso suprimirlo en interés del gusto. Según Bernini bastaba con estos medios para transmitir la autoridad del monarca.

Podríamos decir que el busto del señor Darcy expuesto en su galería de arte en Pemberley se acoge a estas características. Tal y como afirman los que la observan la belleza del modelo no deja lugar a la duda. Bien pulimentada y sin atisbo de imperfecciones, la fisonomía de nuestro protagonista masculino destaca en la sala y aumenta la percepción de grandiosidad que sin lugar a duda ya habían adquirido sus visitantes en su paseo por la galería. En el siglo XVIII, cuando los debates estéticos pasaron a formar parte de la opinión pública, el modelo de retrato estético se generalizó algo más. La propia novedad y calidad de las formas del retrato podían ser interpretadas como un signo de distinción que avalaba una determinada posición social. Esta interpretación, que iba a tener indudables proyecciones en el mundo contemporáneo, fue al comienzo una noción reservada a determinados personajes que participaban en alguna manera de los debates estéticos por su cercanía con el mundo artístico.

Por lo que se refiere a los retratos pictóricos, el modelo fue decantándose a lo largo del siglo XVI a partir de la confluencia de diversas tradiciones italianas y flamencas que confluían en algunos aspectos, como la figuración de modelos de cuerpo entero o tres cuartos, la simplicidad de las composiciones, el interés por la fisonomía y la atención por los ropajes. Con todo, durante algunas décadas, las diferentes escuelas mantuvieron sus divergencias en cuanto a los modos de factura, más precisos y detallistas en la pincelada los flamencos, y más libres y coloristas los italianos. Fue en el SXVII, con Rubens (1577-1640), Velázquez (1599-1660) y Van Dyck (1599-1641), cuando acabó por codificarse un tipo de retrato cortesano que resumía las tradiciones pictóricas del norte y el sur.

En este sentido, la definición del tipo de retrato inglés del siglo XVIII aparece como un jalón especialmente interesante de esta evolución, gracias a la importancia que adquirió el "gusto" como elemento constituyente de su modelo ideológico. En la evolución del retrato social y político que experimentó Inglaterra en este periodo se combinaron transformaciones compositivas, como la adaptación de los modelos colectivos flamencos en la *conversation piece británica,* con la asimilación de las formas más refinadas de Antoine Watteau (1684-1721) que ofrecía la pintura cortesana francesa. Si el público británico de comienzos del siglo XVIII únicamente demandaba retratos muy convencionales basados en los modos cortesanos continentales del siglo XVI y XVII, la sofisticación estética fue convirtiéndose en un elemento demandado como atributo fundamental del retrato. El retrato que aparece en el fotograma se encuentra ubicado en uno de los salones de Netherfield Park, la residencia temporal de Charles Bingley. Poseer un retrato como el expuesto ya comunicaba al observador que se encontraba frente a alguien de alto poder adquisitivo, que podía contratar los servicios de un pintor que se desplazaba a su casa y que elaboraba para el propietario una obra única y singular como era una efigie. El fondo oscuro y neutro y la ropa clara favorecen que resalte con esplendor la figura de la persona pintada, obteniendo así toda la atención del que la observa que sin duda entenderá que se encuentra frente a una persona de clase social privilegiada y por tanto de poder manifiesto.

Según Pope-Hennessy, (1985), el retrato del Renacimiento partió de una ruptura fundamental con el retrato medieval, que se centró en la humanización y particularización de los rasgos del rostro. Se experimentó entonces el paso de las convenciones y abstracciones medievales a una figura que combinaba la fidelidad a la apariencia física con la representación del carácter moral. Ambos elementos presuponen la aceptación de la individualización. La negociación permanente entre estos dos polos es fundamental para entender el retrato en toda la Edad Moderna.

En ésta la construcción del individuo que se realizaba era mucho menos individualista de lo que hoy podemos suponer. Así, el protagonismo de los nombres inscritos en los retratos queda compensado por los escudos de armas y los atributos que, como la espada o el pincel, hablan de categorías grupales. En esta línea, se ha hablado incluso de un retrato heráldico, que asume los valores colectivos de los blasones familiares. Algo parecido podemos decir de otros signos de percepción subjetiva, como la apreciación de los parecidos físicos, el interés por la fisonomía como caracterización moral, o la valoración emocional del retrato amigo. Su acento en las cualidades individuales no elimina la presencia de unos horizontes de lectura generales que estaban muy determinados por la presencia de las identidades colectivas. En este marco, cualquier retrato del aparato sería entendido por el retratado y sus espectadores como parte de una serie más amplia que acogía a sus antepasados e iguales.

Una de las pruebas fundamentales de la existencia de esta percepción colectiva de la identidad expresada a través del retrato reside en el hecho de que la mayor parte de estas representaciones formaban parte de galerías. Los retratos que podían colgar en solitario, como aquellos de los amigos o el de la esposa o el esposo difunto, eran minoría. Normalmente, las efigies se disponían en galerías de retratos. Estas podían ser más o menos extensas, independiente o integradas en colecciones más amplias, pero casi siempre compartían la existencia de programas articulados de significación. La selección de retratados respondía a criterios identitarios que en la mayoría de los casos reflejaban cuestiones de identidad colectiva y legitimación cultural, social y política. Estas galerías estuvieron presentes desde los primeros pasos del género, y de hecho fueron uno de sus motores en la Italia del siglo XIV. En la película observamos que los bustos de Darcy y su hermana Georgina están ubicados en la galería de arte, mostrados a todo aquel que tuviera el privilegio de entrar en su casa, ubicados en un espacio que además de resaltar las virtudes de la obra, proporcionaba otros elementos que señalaban el estatus y consiguiente poder de sus propietarios. Me refiero al resto de obras de arte expuestas, en una sala donde se elimina la decoración de las paredes para conseguir el asombro del visitante nada más entrar en la sala, centrando toda su atención en los objetos expuestos, equiparando además su imagen en busto con el resto de esculturas creadas por un reconocido artista de gran prestigio. Los bustos están además colocados sobre un pedestal. De esta forma permanecen a la altura de los ojos de quien lo admira, favoreciendo la identificación de esa bella y asombrosa obra con el igualmente admirable modelo. Los retratos en la película aparecen en las distintas dependencias de las residencias de los nobles. Suelen ocupar lugares privilegiados en los salones, donde pueden ser vistos por todos los que allí acudan. Como vimos anteriormente en casa de los Bennet, era común colocar conjuntos de retratos que se convertían en auténticos mapas que sitúan la posición de los individuos en el linaje, dando fe de la transmisión generacional de la legitimidad del poder dinástico. También escenificar un entorno de magneficiencia y poder donde representar a los miembros de una familia como ocurre en la imagen que anteriormente vimos del retrato familiar en Pemberley, consigue igualmente impresionar y avalar el su alto estatus dentro incluso de la misma clase noble.

Dote

Durante el siglo XVIII, la mujer seguía ejerciendo el papel de esposa y madre. Su lugar por excelencia seguía siendo el hogar, donde era dueña y señora, dentro de los límites permitidos, y seguía siendo intelectualmente inferior. No obstante, comenzó a haber cuestionamientos, tímidos, de ideas secularmente aceptadas sobre el sexo femenino.

A finales del siglo XVIII, las mujeres, aprovechando el discurso ilustrado que consideraba la educación como un instrumento transformador del género humano y la sociedad, defendieron una educación para la mujer. Esta reivindicación se fundamentaba en la igualdad racional de los sexos. Sin embargo, todo esto no era más que la teoría. La práctica dejaba mucho que desear. La educación femenina estaba más destinada a la formación del carácter que de la inteligencia. Era frecuente que las niñas estudiaran de mano de un tutor las cosas más elementales, o bien eran educados por monjas que carecían de formación. Se primaba la instrucción doméstica y se establecieron diferencias, no sólo respecto a los varones, sino también entre las mujeres del pueblo y las de capas sociales superiores. La educación fue motivo de polémica a lo largo de todo el siglo. Desde el primer momento hubo dos bandos bien definidos: el de los que consideraban que el ámbito de actuación de la mujer debía ser exclusivamente el hogar y el cuidado de los hijos, y el de los que defendían el derecho de la mujer a participar en la sociedad.

Señalo aquí el diálogo que conforme a este aspecto mantienen los miembros de la alta nobleza personificados en el señor Darcy, Sr. Charles Bingley y su hermana, con Lizzy de estatus menor.

> —*Sr. Bingley: Me parece sorprendente que las jóvenes tengáis la paciencia de esmeraros en tantas cosas.*
> —*Hermana: ¿Qué quieres decir Charles?*
> —*Sr. Bingley: Todas diseñáis mesas, tocáis el piano y bordáis cojines. Nunca he oído hablar de una joven dama que no tenga habilidades.*

—*Sr. Darcy: Yo opino que eso es generalizar. De todas las mujeres que conozco no hay más de media docena que de verdad sean instruidas.*
—*Hermana: Ni yo desde luego.*
—*Lizzy: Dios mío, su nivel de exigencia debe de ser muy alto.*
—*Sr. Darcy: Lo es.*
—*Hermana: Por supuesto. Debe tener amplios conocimientos de música, dibujo, canto, baile y lenguas modernas para estar a la altura. Hay algo en su estilo y su forma de caminar.*
—*Sr. Darcy: Y desde luego debe enriquecer su mente con la lectura*
—*Lizzy: No me sorprende que sólo conozca usted a seis mujeres instruidas. Me pregunto si realmente conoce alguna.*
—*Sr. Darcy: ¿Tan severa es usted con las de su sexo?*
—*Lizzy: No existe una mujer así, sin duda los hombres se asustarían al verla.*

Las mujeres protagonistas en el *film* pertenecen todas ellas a la clase noble. La instrucción en las materias referidas era afín a todas, aunque como vimos en el diálogo mantenido con Lady Catherine de Bourgh, no todas contaban con la misma capacidad económica para asistir a clases en la ciudad, tener un instructor particular o contar con diversos instrumentos en su propia casa. Si es cierto que el dominio de esas artes era una cualidad desarrollada por las mujeres nobles, aunque dependiendo del estatus de la misma, alcanzar un matrimonio ventajoso sería el objetivo principal de ellas. Su instrucción no iba tanto encaminada a su propio desarrollo personal sino a completar con estos atributos el conjunto general de cualidades que atrajeran a un hombre con el que formalizar la unión conyugal. Se trataba de moldear a esa futura esposa y madre conforme a su correspondiente linaje.

Existen también diferencias con respecto a la preparación para el matrimonio según los estamentos. En las clases altas, la educación para el matrimonio coordinaba todas las disciplinas con las que se instruía a la niña; no existían centros de estudios específicos para que estas niñas estudiaran. Las monjas carecían de la formación suficiente para educarlas correctamente, y por eso, fueron escritos diferentes tratados de educación que servían de orientación a la madre y al *aya* en la célula familiar. El *aya* debía ser una mujer seleccionada, instruida y supervisada por la madre en su tarea educativa, para que así las hijas recibieran la educación correspondiente a su condición familiar. En estos tratados educativos, la figura paterna quedaba al margen, por lo que la mujer era única y exclusivamente educada por otra mujer. Esta instrucción era una cadena, una mujer bien educada podría más tarde ofrecer una buena formación a sus hijos y adquirir una aptitud positiva ante la preocupación de esa educación.

El hecho de que los ilustrados prestaran atención a la educación demuestra la fuerza con la que se luchó contra la opinión de que las esencias masculina y femenina mostraban revelaciones de las diferencias entre ambos sexos, esencias que hasta entonces eran consideradas como invariables y universales. Es reseñable el manifiesto de 1790: "Quejas y Denuncias de las mujeres malcasadas" (Puleo, 1993). Se trata de un manifiesto francés destinado a los señores de la Asamblea Nacional y que muestra claramente los nuevos propósitos que se pretendían obtener para la mujer. A lo largo del manifiesto van reivindicando una serie de derechos para la mujer que hasta entonces no existían. Francia se levanta para enfrentarse a una serie de abusos que desde antaño han estado invadiendo a la sociedad de una injusticia tras otra, pretenden imponer el divorcio y cada palabra del texto parece poseer la fuerza necesaria para ello. Se preguntan lo siguiente: "¿Sus derechos continuarán ignorados y despreciados por largo tiempo? Finalmente, la ley del divorcio, tan deseada y tan necesaria ¿devolverá al matrimonio la dignidad tan horriblemente degradada?" (Puleo, 1993: 128). Describen los matrimonios franceses, manteniéndose contrarios a la idea del marido como dueño de la mujer, de su dote y de sus derechos; en contra del papel de mujer como sumisa y obediente, quejándose de los privilegios de los que goza el hombre. Se mantienen asombradas comparando el hecho de que una mujer pueda ser llevada a prisión perdiendo cualquier tipo de derecho cuando se produce adulterio, mientras que el hombre puede incluso desarrollar este acto en su propia casa.

El matrimonio era considerado por la sociedad como una representación de clase y prestigio. No es de extrañar con esto, la existencia de amantes e hijos ilegítimos como algo completamente normal en la sociedad. Fue sobre todo en el siglo XVIII cuando los nacimientos de hijos ilegítimos se incrementaron, pues, debido a una serie de reajustes en el terreno económico y laboral los Gremios comenzaron a acoger por primera vez a los hijos bastardos, dando lugar a un gran cambio en la estructura social. Evidentemente, la posibilidad de divertirse por vías extramatrimoniales no se veía de la misma manera en un hombre que en una mujer: ella aceptaba su papel de sumisa y servicio a su señor. Pero el mantenimiento de la mencionada anteriormente clase y prestigio era sin duda el motor principal de unión marital. Ambos atributos representaban en si la supervivencia de una familia como los Bennet, que no tenía descendientes masculinos, y que por tanto dependía del buen casamiento de sus hijas para su propia supervivencia y la de su clase social. No es de extrañar todos los esfuerzos de su madre por encontrar maridos para sus vástagas.

El matrimonio era considerado en las familias nobles como un contrato que ofrecía la oportunidad de consolidar y expandir sus recursos. De Lannoy había señalado en el siglo XV que, debidamente manejado, el matrimonio podía ser tan honorable y beneficioso como el servicio a los reyes o el botín de guerra. No era posible tener en cuenta todos los factores con precisión en el curso de un arreglo matrimonial; los acontecimientos posteriores podían convertir arreglos satisfactorios en desastres o en un inesperado tesoro. De todos modos, el matrimonio era una oportunidad para pensar las cosas minuciosamente y para, con suerte, obtener beneficios. Generación tras generación, la herencia de una familia estaba expuesta a una inevitable erosión conforme cada heredero principal hacía sus provisiones para las hijas e hijos menores. Los arriesgados mundos de la guerra y de la política podían ofrecer algunas fuentes de beneficios y, por lo mismo, de compensación, pero parece que fueron los nobles quienes estimaron que un matrimonio inteligente era la clave principal para resolver el problema.

El matrimonio tenía otros propósitos además del beneficio, o, mejor dicho, la recompensa de un acuerdo bien ponderado podía cobrar formas que no fueran ni el dinero en metálico ni la propiedad. A partir de sólidas amistades, las familias podían entrar en negociaciones o cimentar alianzas políticas. Hacia los siglos XVIII y XIX, hubo incluso indicios de que el afecto podría proveer un terreno propicio para el matrimonio, sujeto en todo caso a la aprobación parental. Se trataba, sin embargo, en su inmensa mayoría, de arreglos colectivos, formulados y negociados entre familias. Los contratos matrimoniales fueron convirtiéndose en documentos cada vez más elaborados. Así por ejemplo Lady Catherine de Bourgh mantiene un enconado diálogo con Lizzy, visitada por la misma en mitad de la noche y cuando ya todos descansaban en sus dormitorios, y en el que se refleja, tanto por su urgencia como por su tono, la trascendencia y envergadura del tema del matrimonio.

>—*Lady Catherine de Bourgh: No puede usted llamarse a engaños sobre el objeto que me ha traído aquí.*
>—*Lizzy: Está equivocada, no me explico a que debo el honor de su visita.*
>—*Lady Catherine de Bourgh: Señorita Bennet se lo advierto, conmigo no se juega. Ha llegado a mis oídos una noticia alarmante, que tiene usted la intención de casarse con mi sobrino, el señor Darcy. Aunque se que eso es una vil calumnia, y no voy a ofenderle pensando que esa idea a partido de él, he venido a decirle lo que pienso.*
>—*Lizzy: Si estaba convencida de que la noticia no era cierta como que ha hecho un viaje tan largo.*
>—*Lady Catherine de Bourgh: para que usted la desmintiera.*
>—*Lizzy: Con su presencia aquí sólo ha conseguido confirmarla si es que esa noticia existe.*
>—*Lady Catherine de Bourgh: ¿sí?, acaso pretende usted ignorarla. No la habrá hecho circular usted misma deliberadamente.*

—*Lizzy: Yo no he oído nada sobre eso.*

—*Lady Catherine de Bourgh: ¿y puede usted afirmar que no tiene fundamento alguno?*

—*Lizzy: Yo no pretendo rivalizar en franqueza con usted. Tal vez opte por no contestar a sus preguntas.*

—*Lady Catherine de Bourgh: Esto es intolerable. Le ha hecho mi sobrino una proposición de matrimonio.*

—*Lizzy: Usted misma ha dicho que eso era imposible.*

—*Lady Catherine de Bourgh: Dejemos las cosas claras. El señor Darcy está comprometido con mi hija, ¿qué tiene usted que añadir?*

—*Lizzy: Si lo que dice es cierto no tiene motivos para suponer que susobrino me ha hecho una proposición.*

—*Lady Catherine de Bourgh:¡Niña egoísta! Esa unión ha estado planeada desde su infancia. ¿cree que podrá impedir que ésta se realice por una joven de baja alcurnia, con una hermana cuya deshonrosa fuga dio lugar a una escandalosa boda amañada y costeada por su tío. ¡Dios santo!, ¿pretende mancillar todas las sombras de Pemberley? Dígame de una vez, ¿está comprometida con él?*

—*Lizzy: No lo estoy.*

—*Lady Catherine de Bourgh: Y me promete que nunca aceptará semejante compromiso.*

—*Lizzy: No haré ni ahora ni nunca tal promesa. Usted me ha insultado de todas las formas que ha podido, y no tengo nada más que decirle. Debo pedirle que se vaya. Buenas noches.*

—*Lady Catherine de Bourgh: ¡Nadie me había tratado así en toda mi vida!*

En este diálogo se aprecian algunas de las características antes citadas. Se informa sobre la inconveniencia de un matrimonio con alguien de estatus inferior, baja alcurnia. Se hace referencia igualmente a temas de honor, incidiendo en la pérdida general de éste por parte de la familia a causa del comportamiento de sólo uno de sus miembros. Además, se habla de un matrimonio concertado entre las dos familias desde la infancia, lo que proveía de una oportunidad para que entraran nuevos recursos en las propiedades de la familia; tener buen ojo para las herederas, proporcionaba los medios para seguir viviendo, y gastando, noblemente. El significado del matrimonio iba pues más lejos que el propio afecto. La hermana de Bingley insta a éste a pensar detenidamente sobre la inclinación que manifiesta hacia una mujer de estatus inferior, no siendo concebible que un hombre de su riqueza y estatus emparente con una familia de inferior condición a la suya. Las familias nobles que debían su rango al linaje conferían la misma importancia que una Casa Real a lo que podría llamarse política dinástica. Y la preocupación primordial de esas políticas era la supervivencia de la familia y del nombre, porque la extinción era, al fin y al cabo, una posibilidad permanente. También su amigo el señor Darcy desaprueba tal relación, pues se trataba sólo de un casamiento ventajoso para la novia que nada aportaba a su amigo.

Mecanismos como el estricto acuerdo inglés, común desde finales del siglo XVII en adelante, definían no solo los arreglos entre las familias contemporáneas del novio y de la novia, sino, también, la disposición de la propiedad durante la siguiente generación. El testamento de un individuo tendía a ser un asunto mucho menos elaborado: podía arrojar una luz reveladora sobre el estado de ánimo del testador, por el lenguaje empleado o por las mandas de caridad que ordenara, pero era el contrato de matrimonio el que trazaba la línea principal de sucesión de la propiedad. Son varias las alusiones en la película a tal respecto. El señor Darcy relata a Lizzy las disposiciones que su padre refleja en su testamento, así como la cláusula principal del contrato de matrimonio entre su hermana y el Sr. Wickham:

—Sr. Darcy: Mi padre quería al señor Wickham como a un hijo y en consecuencia le dejó una generosa herencia. Pero al morir mi padre el señor Wickham anunció que no tenía intención de aceptar órdenes. Exigió el total de lo que había heredado y lo dilapidó en pocas semanas. Entonces me escribió pidiéndome más dinero y me negué a

dárselo, con lo cual quedó cortada toda relación. El verano pasado vino a vernos y declaró que amaba ardientemente a mi hermana, a la que intentó persuadir para que se fugase con él. Ella va a heredar 30.000 libras. Cuando se le dijo que no podría tocar ni un céntimo de esa herencia desapareció. YA podrá usted imaginarse la desesperación de Giorgiana. Sólo tenía 15 años.

Cuando Walter Calverley, un *gentleman* de Yorkshire visitó Newcastle en 1706 para discutir las capitulaciones con su futura suegra, las negociaciones, con la ayuda del consejo de amigos y parientes por ambos lados, acarrearon una estancia de tres semanas. Como señaló Montaigne, se casaba un individuo, pero en el centro del matrimonio estaba la familia, con su herencia del pasado y sus esperanzas para el futuro. En general, la práctica aristocrática era muy restrictiva: en cada generación, el heredero principal esperaba disfrutar del grueso de la propiedad; los hermanos jóvenes, de menos o nada; y si las hijas eran numerosas, solo a algunas les estaba reservado el matrimonio.

La situación económica, pese a no ser una cualidad esencial en la nobleza, tal y como refleja la situación de la familia Benet en la película, constituía un elemento de suma importancia, ya que el mantenimiento del ideal de vida noble exigía solidez económica. Como hemos visto la cultura aristocrática implicaba la preeminencia de gastar frente a ingresar: gastar los recursos para hacerlos visibles en forma de banquetes y entierros, o transmitirlos de generación en generación en edificios y tierras. Pero los recursos tenían que salir de alguna parte. A fin de cuentas, esto es lo que dictaba la a menudo cruda lógica del matrimonio y de la herencia. La misma consideración empujó a muchos nobles a preocuparse, quizás inesperadamente, por una gestión financiera solvente. En general los nobles explotaban sus recursos con mayor o menor eficacia y con un propósito aristocrático que les era propio y exclusivo, como la necesidad de mantener su imagen de poder. Para asegurarla base económica, tal y como mencioné anteriormente, en casi todos los países existían costumbres sucesorias o figuras jurídicas que trataban de preservar el patrimonio nobiliario y su permanencia en el seno de la familia, haciendo de su titular un mero usufructuario, mediante la constitución de vínculos sobre todos o gran parte de los bienes que, formando una unidad indivisible e inalienable, se transmitía a un solo heredero, siguiéndose, normalmente, el orden de primogenitura masculina. Los dos protagonistas masculinos del *film* que analizamos son los herederos patrimonio nobiliario de su familia. De hecho, es éste al que todos se refieren cuando se conversa sobre ellos, pues esta riqueza va indudablemente ligada a su condición social:

> —*Hermanas Bennet: Ha llegado un tal Sr. Bingley del norte, es rico, dispone de 5000 libras al año, tiene más de un coche de caballos y está soltero.*
> —*Charlotte Lucas a Lizzy: Cuenta... Ese es un buen amigo, el señor Darcy. ¿Parece muy desgraciado el pobrecillo? Desgraciado puede que sea, pero pobre desde luego que no. 10.000 al año y es dueño de medio Derbyshire.*

La dote era un elemento muy importante, lo cual repercutía también en la relación de pareja. Estas sumas de dinero lo único que hacían era dificultar el casamiento de las hijas de familias honorables, a la vez que se acrecentaba la inestabilidad de una sociedad patriarcal y ordenada. La dote era importantísima para el reconocimiento de los derechos de la herencia de la mujer, ya que en la mayoría de los casos la autoridad del marido dependía del beneficio del suegro, que era el patrón financiero y el que administraba las circunstancias del nuevo matrimonio. Para muchas mujeres por ello, unirse en matrimonio suponía la manera de introducirse en la sociedad y la liberación de un padre riguroso o huir de la reclusión religiosa. Por tanto, la dote aseguraba no solo una promesa para la mujer, sino también el rango del progenitor y su familia. Cuando estaba formada por bienes durables perduraba más allá de la obligación que representaba, como en el caso de la tierra, los objetos de plata o el ganado y era, pues, un indicador del nivel económico del matrimonio. Junto a esta dote aportada por la mujer tenemos las arras, que son los bienes que el marido entrega a su esposa y ambos forman el conjunto de bienes dotados.

La transmisión de la herencia jugaba también un papel de vital importancia; tanto en los testamentos de mujeres como en los de varones detectamos el deseo de manifestar, por parte de estos, el nombre del cónyuge o cónyuges que formaron parte de sus vidas. El interés por dejar bien reglamentado el futuro de los hijos habidos en el matrimonio o, en su defecto, la posible devolución de la dote a la familia del cónyuge fallecido son aspectos fundamentales en la vida familiar del siglo XVII. Los legados a familiares, criados y personas allegadas constituyen también un apartado importante dentro de las disposiciones de última voluntad. Por otro lado, hay estudios que demuestran cierta diferencia entre el hombre y la mujer cuando uno de estos había enviudado. Los testadores masculinos generaban un número de nuevos casamientos muy elevado, mientras que las mujeres ocupaban menos lugar en este aspecto. Esto puede deberse a que el varón viudo necesita otra mujer que atienda la casa y críe a los hijos de su anterior matrimonio, mientras que las mujeres viudas encuentran más dificultades sociales para volver a contraer matrimonio debido a los diferentes convencionalismos.

Resulta difícil con todo esto hacerse una idea de lo que se entendía por pareja o "unión" en el aquel momento, pues es una noción completamente diferente a la que entendemos hoy día. Puesto que no existía la elección libre del uno respecto al otro con la finalidad de vivir una vida en común, hablar en sí de "unión" no es del todo apropiado, pues los comportamientos entre los miembros que formaban la pareja eran completamente distintos. Para entender la clase de relación que existía entre el hombre y la mujer es importante analizar el espacio individual de cada uno de ellos: sus dormitorios estaban separados y cada uno de ellos tenía su propio gabinete donde durante o después del aseo podían recibir visitas. Cada espacio permitía una vida completamente independiente, lo que demuestra un claro distanciamiento personal entre ambos. Esta situación queda claramente reflejada en la unión de Charlotte

Lucas con el señor Collins, que es aceptada por ambos cónyuges por la conveniencia de la misma y adaptada pues a la realidad que los une.

> —*Charlotte: Mi querida Elisabeth, he venido a darte una buena noticia. El señor Collins y yo estamos comprometidos.*
> —*Lizzy: ¿Comprometidos?, ¿para casaros?*
> —*Charlotte: Si, por supuesto Lizzy, ¿qué otra clase de compromiso puede ser?. Por el amor de dios Lizzy no me mires así. No hay razón para que no sea tan feliz con él como con otro cualquiera.*
> —*Lizzy: Pero es ridículo.*
> —*Charlotte: No todas podemos permitirnos ser románticas. Me ofrece una casa confortable y protección, tengo mucho que agradecer.*
> —*Lizzy: Charlotte.*
> —*Charlotte: Tengo 27 años, no tengo dinero ni perspectivas. Ya soy un peso para mis padres, y estoy asustada. Así que no me juzgues Lizzy, ¡no te atrevas a juzgarme!*

Lizzy visita por primera vez a su amiga recién casada en su nuevo hogar:

> —*Señor Collins: Mi esposa insiste en que pase el mayor tiempo posible en el jardín por el bien de mi salud.*
> —*Charlotte: Querido, creo que nuestra invitada estará cansada después del viaje.*
> —*Señor Collins: Pienso hacer muchas mejoras. Tengo intención de hacer un arco y un paseo de limoneros. Oh, sí, me congratulo de que cualquier joven estaría encantada de ser la señora de esta casa.*
> —*Charlotte: Aquí no nos molestará nadie. Este salón es para uso exclusivo mío. Oh Lizzy, es maravilloso tener mi propia casa.*

En la Edad Moderna la dote siguió siendo un pilar para el mundo femenino. No disponer de una dote significaba no entrar en el mercado matrimonial ya que ésta tenía un valor transaccional, algo así como el precio de la mujer/novia en este mercado. Podría decirse que era el elemento más importante para la definición de la condición de las mujeres desde el punto de vista del derecho, de su posición dentro de la familia, del valor que se les asignaba en el ámbito de la sociedad y del lugar que ellas mismas se reconocían y atribuían. Indudablemente ese valor iba asociado a la ostentación la correspondiente cuota de poder. Los matrimonios se arreglaban con otras familias cuyo apellido tuviera prestigio y contribuyera con los bienes de la familia. Era el primogénito quien tenía el derecho y la obligación de contraer matrimonio. El vínculo matrimonial era decidido por los padres y parientes mayores. El papel crucial de la dote es recogido en la trama de la película cuando se narra el acontecimiento de la fuga de una de las hermanas Bennet con el Sr. Wickham. La dote aportada juega un papel fundamental en la conformación del matrimonio.

—*Hermana Bennet: Papá, ha llegado una carta.*
—*Señor Bennet: Dejad que recupere el aliento.*
—*Hermana Bennet: Es la letra del tío.*
—*Señor Bennet: Les ha encontrado.*
—*Hermana Bennet: ¿Se han casado?*
—*No entiendo bien lo que dice.*
—*Hermana Bennet: ¡Dámela!*
—*Hermana Bennet: ¿Se han casado?*
—*Hermana Bennet: Se casarán si papá le asigna a ella 100 libras al año, es la condición de Wickham. ¿Vasa a aceptarlo padre?*
—*Señor Bennet: Por supuesto, Dios sabe lo que vuestro tío habrá tenido que hacer para convencer a ese desgraciado.*
—*Hermana Bennet: ¿Qué quieres decir padre?*
—*Señor Bennet: Ningún hombre en su sano juicio se casaría con Lidia tan solo por 100 libras al año. Vuestro tío ha debido ser muy generoso.*
—*Hermana Bennet: ¿Una suma muy alta?*

> —*Hermana Bennet: Sería un estúpido si aceptara menos de 10.000 al año.*
> —*Hermana Bennet: ¡Santo cielo!*

Los hermanos menores varones, "segundones", debían decidir entre una carrera militar, eclesiástica o simplemente colaborar con el hermano mayor. Las mujeres de la familia recibían una dote, es decir, una cantidad de bienes que le eran entregados al marido en custodia y para el sustento de la esposa. Este patrimonio era usado en negocios que al producir ganancias formaban parte de la familia, que se había extendido con dicho matrimonio. Cuando la mujer entraba a un convento se seguía el mismo procedimiento, pues estaba casándose con Dios. Esta vez, la abadesa era la encargada de la administración de la dote.

Los matrimonios de conveniencia eran lo más usual en aquel momento. Con ellos, era posible mantener los estamentos sociales, el rango y honor familiar, todos ellos aspectos que tal y como hemos analizado anteriormente determinaban significativamente la imagen de poder del individuo o familia a la que pertenece. Por tanto, estos matrimonios no eran en absoluto voluntarios, sino simplemente pactos entre los padres de los correspondientes contrayentes. La dote, el régimen económico y los títulos de cada uno debían quedar fijados, y de no cumplirse lo acordado podría romperse el acuerdo matrimonial. Por tanto, los matrimonios por amor prácticamente no existían, el dinero y la clase social eran los únicos intereses presentes; el objetivo de los matrimonios era tener descendencia, crear una familia y perpetuar así los apellidos. En muchas ocasiones también, las necesidades financieras obligaban a contraer matrimonios con personas de clase inferior pero económicamente fuertes, ante lo cual, el matrimonio clandestino o secreto era una buena manera de reducir la dote.

No es de extrañar con esto, la existencia de amantes e hijos ilegítimos como algo completamente normal en la sociedad. Fue sobre todo en el siglo XVIII cuando los nacimientos de hijos ilegítimos se incrementaron, pues, debido a una serie de reajustes en el terreno económico y laboral los Gremios comenzaron a acoger por primera vez a los hijos bastardos, dando lugar a un gran cambio en la estructura social. Evidentemente, la posibilidad de divertirse por vías extramatrimoniales no se veía de la misma manera en un hombre que en una mujer: ella aceptaba su papel de sumisa y servicio a su señor.

El matrimonio a lo largo de los siglos ha sido principalmente un convenio o alianza para el bienestar y estabilidad de cada persona y para la conformación de la familia, donde lo económico ha jugado un papel especial. La cuestión del honor se basaba en la igualdad social y racial que se buscaba a través de los vínculos y alianzas matrimoniales. El matrimonio con un inferior social o racial en la mayoría de casos significaba un retroceso en la posición familiar adquirida en la sociedad. Un matrimonio desigual significaba degradar la imagen pública que se tenía de la familia del contrayente que estuviera reputada de mejor calidad, e iba en detrimento de la condición social de los descendientes de la pareja y de la solidaridad de la familia. Tal y como antes explicité estas eran las razones que habían hecho sopesar al señor Darcy su compromiso con una mujer de inferior condición social, y era ésta junto a la crucial reprobación del resto de altos nobles lo que también le indujo a la hermana de Bingley a reprobar su inclinación ante la señorita Bennet.

BIBLIOGRAFÍA

Alegre Carvajal, Esther y Gómez López, Consuelo, *Órdenes y espacio: sistemas de expresión de la arquitectura moderna.* UNED, Madrid, 2016.

VV. AA.: *Los Realismo en el Arte del Barroco,* Madrid, Editorial Ramón Areces, 2015.

Cámara Muñoz, A., Carrió-Invernizzi, D., *Historia del arte de los siglos XVII y XVIII. Redes y circulación de modelos artísticos.* Madrid, Editorial Universitaria Ramón Areces, 2014.

Ribot, L.: *Edad Moderna.* Editorial Marcial Pons, Madrid, 2016.

Cámara, A., García Melero, J.E., Urquízar, A., Carrió-Invernizzi, D., y Alzaga, A., *Imágenes del poder en la Edad Moderna,* Editorial Ramón Areces, en prensa, 2015.

Powis, Jonathan. *La aristocracia.* Siglo XXI de España Editores, 2007.

Martínez, Adolfo Carrasco. *Sangre, honor y privilegio: la nobleza española bajo los Austrias.* Ariel, 2000.

Soria Mesa, Enrique. *La imagen del poder. Un acercamiento a las prácticas de visualización del poder en la España Moderna.* 2011.

Orgullo y prejuicio 2005 — Cine dramático/Cine romántico.

Published
in March
2025

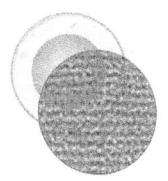

Faber & Sapiens